Axel Hacke

Das Beste aus meinem Liebesleben

Ein kleiner Beziehungsberater

Verlag Antje Kunstmann

Für Ursula

Vorbemerkung:
Die Liebe und ihre Feinde

◆

WENN MAN DIE ALTERNATIVEN BEDENKT, geht es dem Menschen mit seinem Paarungsverhalten nicht schlecht.

Wir müssen nicht, wie die Aale, einmal im Leben für die Sensation des einzigen Geschlechtsaktes in ebendiesem Leben Tausende von Kilometern, an Haien und Kraken vorbei, in irgendeine Sargassosee schwimmen. (Man stelle sich vor, wir alle würden zu Sexzwecken stets gemeinsam an einen bestimmten Ort bestellt, etwa, sagen wir, Berlin, wo wir nach einer riesigen *Love Parade* und vielleicht einer Fruchtbarkeitsansprache der Bundeskanzlerin in Berliner Hotelbetten sänken, um es den Aalen gleichzutun – ach, da möchte man sich doch gleich in Aspik legen, so unschön wäre das!)

Wir Männer werden auch nicht, wie bei den australischen Kugelspinnen üblich, nach einem Beisammensein von den Frauen gefressen.

Und wir müssen unser Sexleben nicht, wie die Hirsche,

auf eine zeitlich eng begrenzte Brunftzeit beschränken, noch dazu sperrige Geweihe auf dem Kopf tragen.

Wir haben es ganz gut. Kennen ein Gefühl, das »Liebe« heißt. Leben, in immer noch vielen Fällen, friedlich mit einem Menschen anderen Geschlechts ein ganzes oder jedenfalls halbes Leben lang zusammen.

Wir sind in der Lage, uns am anderen zu freuen, an seinem Aussehen, seiner Stimme, seinen Augenfältchen und an seiner Art, sich die Haare aus dem Gesicht zu streichen.

Wir schaffen es, mit ihm jahrzehntelang im selben Bett zu liegen, obwohl *er* am liebsten mit einem leichten weißen Raureif auf dem Haar schläft, während *sie* es gerne schön warm hat; obwohl *er* während des Schlafs Geräusche macht, die an die letzten Gesänge sterbender Walrosse oder an das Kalben der Eisberge am antarktischen Schelf erinnern, während *sie* dringend vollkommene Ruhe braucht; und obwohl *sie* am liebsten den Boden um das Bett herum mit einer Schicht getragener Kleidungsstücke bedeckt, während *er* sich nach einer in die Tiefe gehenden Ordnung der Dinge sehnt.

Es gibt ja Leute, die hassen es, wenn schon um fünf vor sechs am Nachmittag im Büro das Telefon klingelt und ihre Stimme »Wo bleibst du denn?« fragt. Aber klingelte das Telefon nicht und würde die Stimme nicht diese Frage stellen, wäre es ihnen noch weniger recht.

Es gibt auch welche, die könnten schreien vor Wut, wenn sie morgens unter der Dusche stehen, und ihre Frau ist auch im Bad, aber dann verlässt sie es, und während sie es verlässt, knipst sie das Licht aus, weil sie den Mann unter der Dusche einfach vergessen hat, man stelle sich das vor! Und so etwas passiert immer wieder! Aber morgens immer allein im Bad, ohne die Frau, die sich singend cremt und salbt und föhnt, bevor sie das Licht löscht, möchten sie auch nicht sein.

Es gibt weiter solche, die sind sogar fähig, es schön zu finden, dass *sie* immer, immer, immer beim Aussteigen aus dem Wagen die Autotür auf der Beifahrerseite offen lässt – sodass der Zurückgebliebene sich Mal um Mal immer wieder, *ein Leben lang immer wieder*, weit über die Mittelkonsole und den Schalthebel hinüberstrecken muss, um diese Tür zu schließen, denn er muss ja noch parken, und das geht nicht mit offener Tür.

Und es gibt Männer, die können all diese kleinen Nachlässigkeiten und Missachtungen lieben, weil es *ihre* kleinen Nachlässigkeiten und Missachtungen sind.

So sind wir.

Ist doch schön. Rührt einen direkt, dass wir so sind.

Ist aber natürlich auch anstrengend manchmal.

Denn es wäre natürlich einfacher zu lieben, wenn es all die Wobleibstdudenns, die Warumfährstdunichtgeradeausse, die offenen Beifahrertüren, die kleinen Nachlässigkeiten und Missachtungen *nicht gäbe*, wenn die Liebe tagaus, tagein immer so groß bliebe, wie sie eigentlich ist. Wenn nicht die Banalitäten des Lebens an ihr nagen würden wie die Biber an den Bäumen.

Aber so einfach sind das Leben und die Liebe nicht zu haben. Wir haben zu kämpfen. Und Gott sei Dank ringen wir ja im Alltag, wenn es gut geht, nicht mit großem Grauen, sondern mit dem kleinen Grau.

Darüber habe ich ein paar Geschichten geschrieben. Die eine oder andere von ihnen stand schon in dem einen oder anderen meiner Bücher, die eine oder andere auch nicht: kleine Berichte aus den Sümpfen des Alltags, hier einmal zusammengefasst. Sie sind aus einer großen Dankbarkeit heraus verfasst: dafür, dass ich kein Aal bin, keine Kugelspinne, auch kein Hirsch.

Die Liebe in den Sümpfen
des Alltags

◆

I N DER ZEITUNG LAS ICH: 75 Prozent aller Frauen hoffen bei der Hochzeit, dass sich ihr Mann im Lauf der Ehe ändert. Aber 75 Prozent aller Männer hoffen bei der Hochzeit, dass sich ihre Frau im Lauf der Ehe nicht ändert.

Ich erzählte das Bruno, als wir uns in einer Bar trafen. Er senkte den Kopf und schüttelte ihn dabei und sagte: »Das sagt alles. Das sagt nun wirklich alles.«

Zum Beispiel, sagte Bruno, könne er mit seiner Frau nicht mehr zusammen Auto fahren. Wenn sie es täten, und sie führen zusammen nach Hause, und er müsse da vorne links abbiegen, dort, wo er immer links abbiege, dann sage seine Frau hundert Meter vorher: »Da vorne musst du links abbiegen!« Das wisse er, sage er, Bruno, dann, immer biege er hier links ab, es gehe gar nicht anders, aber sie höre ihn nicht, sondern sage schon: »Hier musst du parken!« Ja, wieso denn nicht?, rufe er, hier parke er jedes Mal, wieso sie ihn nicht in Ruhe tun lasse, was er immer tue? Sie antworte dann nur, warum er sich so aufführe – und schon sei der schönste Abend im Eimer.

»Das hat sie doch früher nicht gemacht«, sagte Bruno, während sein Gesicht über dem Bierglas hing. »Das hat sie doch nicht gemacht, als wir uns kennenlernten.«

Ich sagte, auch ich könne mit Paola zusammen nicht mehr Auto fahren, ehrlich gesagt wüsste ich überhaupt kein Ehepaar, das zusammen Auto fahren könne.

»Wenn ich irgendwo links abbiege«, sagte ich, »fragt Paola sofort: Warum fährst du nicht geradeaus und biegst da hinten ab, das ist kürzer?« Weil ich glaubte, antwortete ich dann, dass es hier kürzer sei und weniger Verkehr sei hier auch. Aber garantiert tauche dann ein Lkw auf, und Paola rufe: Ah, hier ist es also kürzer, und hier ist weniger Verkehr! Ich schreie dann, ob sie nicht fahren wolle, wenn sie alles immer anders haben wolle, als ich es machte, ob sie nicht einfach immer fahren wolle? Sie sage, warum ich mich so aufführte – schon sei der schönste Abend im Eimer.

»Und?«, fragte Bruno. »Hat sie das am Anfang auch gemacht, als ihr euch noch nicht lange kanntet?«

»Nein«, sagte ich.

»Siehst du!«, sagte er. »Diese Zeitungsmeldung sagt alles. Alles.« Wenn die Frauen so geblieben wären, wie sie am Anfang gewesen seien, wäre alles wunderbar.

Wir saßen eine Weile stumm da und grübelten, warum

die Liebe so oft in den Sümpfen des Alltags versinkt. Dann sagte ich: »Wahrscheinlich waren sie ja schon am Anfang so, aber man hat es nicht gemerkt.«

»Warum bleibt es nicht so, dass man es nicht merkt? Warum muss es sich ändern? Ich finde es besser, wie Männer sind. Sie möchten, dass der Mensch, in den sie sich verliebt haben, bleibt, wie er war, als sie sich verliebt haben. Warum sollte man wollen, dass er sich ändert?«

»Weil man mit ihm in einer Beziehung lebt. Wenn man jemanden kritisiert, setzt man sich in Beziehung zu ihm.«

»Beziehung, Beziehung! Wenn ich das Wort höre!«

Ich sagte: »Aber wenn man mit jemand zusammenlebt, setzt man sich mit ihm auseinander, mit seinen guten und schlechten Eigenschaften. Und die schlechten Eigenschaften möchte man ändern. Man möchte nur jemand ändern, den man liebt. Die anderen sind einem egal.«

Bruno sagte, er habe mal einen Film mit Meryl Streep gesehen, da saß sie neben einem Mann im Auto, der ihr Ehemann war. Er fuhr. Sie hasste ihn. Dann platzte es aus ihr heraus: »Würdest du bitte aufhören zu atmen?«

»Sage ich doch«, sagte ich. »Auto fahren geht nicht.«

»Das Schlimmste ist« sagte Bruno, »wenn Frauen immerzu an einem herumkorrigieren. Wenn sie mir die Haare so zurechtstreicht, dass man die Geheimratsecken nicht mehr sieht. Wenn sie meinen Hemdkragen zurechtzupft oder den Krawattenknoten zurechtrückt. Es erinnert mich an meine Mutter mit ihren Allmachtsvorstellungen.«

»Viel schlimmer ist«, sagte ich, »wenn Frauen resignieren. Wenn sie glauben, Männer nicht mehr ändern zu können. Sie werden gehässig. Man sieht das manchmal an alten Ehepaaren.« Ich machte eine Pause, dann fragte ich: »Wie lange seid ihr verheiratet?«

»Zehn Jahre«, sagte Bruno. »Wir feiern es in dem Restaurant, in dem wir den ersten Abend verbracht haben.«

»Gut«, sagte ich. »Da sieht man dann, was sich geändert hat.«

»Und was geblieben ist«, sagte er und lachte laut und herzlich.

Nur einfach mal wohnen wollen

◆

E s ist Abend. Ich liege auf dem Sofa. Paola kommt
herein.

»Liebling«, haucht sie, »duuuu …?«

Sie kniet sich neben das Sofa.

Ich weiß schon, was jetzt kommt, lege die Füße hoch
auf ein dickes Kissen und schaue nach links gegen die
Rückenlehne des Sofas.

»Schatzi«, flüstert sie, »ich würde so gern …«

Ihr Mund ist neben meinem Kopf, ihre Lippen berüh-
ren mein Ohrläppchen.

Nein, denke ich, nicht jetzt. Ich habe keine Lust. Nicht
schon wieder.

Aber es muss sein. Sie will. Es geht nicht anders.

»O nein«, seufze ich, »wir können es doch morgen
auch noch machen.«

»Nein«, haucht Paola, »ich will es sofort. Ich will, dass
wir es jetzt machen.«

Sie steht auf.

»Hilfst du mir, die Möbel umzustellen?«, säuselt sie.

In unserem Wohnzimmer befinden sich ein Sofa, eine Chaiselongue, ein Tischlein, zwei Sessel, eine Stehlampe, noch ein Tischlein, ein Sekretär und ein Teppich. Jedes Möbel hat schon an jeder Stelle im Wohnzimmer gestanden, so oft haben wir sie verrückt und umgestellt.

»Ich kann dieses Wohnzimmer nicht mehr sehen«, sagt Paola. »Ich ertrage es nicht. Das Sofa hier steht im Weg, wenn man zum Fenster will, und den Sekretär sieht man überhaupt nicht richtig, wenn man reinkommt, dabei ist er so schön.«

»Ich habe den ganzen Tag gearbeitet«, sage ich. »Ich will nicht Möbel rücken. Ich will jetzt wohnen.«

»Ich kann hier nicht mehr wohnen«, sagt sie. »Dieses Zimmer macht mich wahnsinnig. Ich hasse es. Ich mag es schon gar nicht mehr betreten. Es ist so *un*-gemütlich.«

Wenn sie *un*-gemütlich sagt, habe ich verloren. Noch ein Widerwort und nicht nur das Wohnzimmer wird sehr *un*-gemütlich. Sondern auch Paola.

Aber es muss mal ein offenes Wort erlaubt sein. Für mich liegt der Sinn aller Dinge, die mich umgeben, weniger in ihrem Gebrauchswert als in ihrer Beständigkeit. Natürlich brauche ich eine Brotschneidemaschine, um Brot zu schneiden. Und eine Nachttischlampe, um nachts lesen zu können. Und einen Sekretär, um in seinem linken unteren Schublädchen Schlüssel aufzubewahren.

Das ist das eine.

Das andere ist: Ich brauche die Brotschneidema-schine und die Nachttischlampe und den Sekretär auch, weil sie Gegenstände sind. Gegenstände können nicht abhauen. Sie sind morgens, wo ich sie abends hingelegt habe. Sie befinden sich, wenn ich will, jahrelang am selben Platz. Wenn mein Blick in ihre Richtung geht, sind sie da. Das beruhigt mich. Gibt mir Halt. Macht mir Zuversicht. Ich glaube, das ist der tiefere, allen Gegenständen gemeinsame, über ihre banale Zweckmäßigkeit hinaus-reichende Sinn der Dinge.

Sie sollen mich beruhigen. Sie sollen das Nervöse in meinem Inneren beschwichtigen. Aber man muss sie dafür natürlich stehen lassen, wo sie sind. Darf sie nicht immerzu verrücken.

»Ich kann unmöglich auch nur noch einen einzigen Abend in einem so *un*-gemütlichen Wohnzimmer ver-bringen«, sagt Paola. Sie ruht so sehr in sich, dass sie um sich herum Bewegung braucht. Deswegen hält sie selbst Sofas, Sessel und Sekretäre auf Trab.

»Aaaaaah«, mache ich und stehe auf.

Wir schieben den Sekretär nach links, das Sofa nach rechts, die Chaiselongue an die Wand. Den Teppich zie-hen wir hierher und dorthin. Paola stellt sich in die Ecke, stützt den Kopf in die rechte Hand, den rechten Ellbogen auf den linken Unterarm.

Dann sagt sie: »Besser. Gemütlich.«

Ich lausche, wieder auf dem Sofa, dem Verklingen ihrer Worte nach. Höre schon den leisen Zweifel darin. Weiß, dass wir in einem halben Jahr wieder rücken werden. Und gebe mich doch der verzweifelten Hoffnung hin, nun werde alles bleiben, wie es ist.

Für ein Jahrtausend.

Oder wenigstens für den Rest meines Lebens.

Oder wenigstens dieses Jahr.

Der Stuhl

◆

IN EINER EHE kämpft man kleine und große Kämpfe, und jeder nutzt dabei seine besten Waffen. Paolas Hauptwaffe ist ihre überwältigende Beredsamkeit, meine eine gewisse Zähigkeit, oder sagen wir: Denken in langen Zeiträumen.

Ich möchte das an einem Beispiel erläutern.

Jahrelang hatten wir einen Stuhl im Schlafzimmer, einen mit weißem Stoff bezogenen Stuhl. Ich glaube, ich habe nie auf diesem Stuhl gesessen, und auch Paola hat, soweit ich mich irgend erinnern kann, nie Platz darauf genommen. Trotzdem stand er da, bis Paola eines Tages sagte, es gefalle ihr nicht, dass der Stuhl im Schlafzimmer stehe. Ich sagte, es gefalle mir schon, doch sie wiederholte, es gefalle ihr nicht, *es sehe so unordentlich aus.*

»Wieso sieht es unordentlich aus, wenn da ein Stuhl steht?«, fragte ich.

»Weil du immer deine Sachen darauf ablegst!«

»Aber irgendwo muss ich meine Sachen ablegen.«

»Du könntest sie auch in den Kleiderschrank tun.«

»Warum soll ich eine Hose in den Kleiderschrank tun, wenn ich sie morgen wieder anziehen will?«

»Weil's ordentlich ist. Ein Stuhl ist zum Sitzen da, aber auf dem Stuhl kann niemand sitzen, weil immer Sachen darauf liegen. Das mag ich nicht. Das ist der Grund, weshalb du die Sachen in den Schrank tun sollst: weil ich es möchte. Weil es mich zufrieden machen würde. Weil du mich über alles liebst und willst, dass ich zufrieden bin.«

Ich machte ein Geräusch, an das ich mich nicht mehr genau erinnere, und ein paar Tage später stand der Stuhl neben der Wohnungstür. Paola hatte einen Zettel daran befestigt, auf dem stand: »Bitte in den Keller!« Und ich brachte den Stuhl in den Keller. Ich tat etwas, das ich für falsch hielt. Ich machte mich zum Werkzeug des Willens meiner Frau.

Aber ich gab damit meine eigenen Ziele nicht auf. Ich wusste, dass eines Tages wieder ein Stuhl in unserem Schlafzimmer stehen würde – weil es sinnvoll ist, dass da ein Stuhl steht. Ich bin nämlich im Gegensatz zu Paola keineswegs der Auffassung, dass ein Stuhl nur zum Sitzen da ist. Man *kann* auf einem Stuhl sitzen. Man kann sich zum Beispiel aber auch nur vorstellen, dass auf einem Stuhl jemand sitzt. (Ein ganzes Drama von Ionesco heißt *Die Stühle* und besteht unter anderem darin, dass man sich vorstellen muss, wie auf leeren Stühlen des

Bühnenbildes Menschen sitzen.) Man kann drittens sowohl auf das Sitzen als auch auf die Vorstellung des Sitzens verzichten und dem Stuhl ganze Bedeutungsdimensionen hinzufügen, indem man Sachen auf ihm ablegt, so wie Paola unseren Esstisch keineswegs nur zum Essen nutzt, sondern auch, um ihn mit Briefen der Krankenversicherung zu bedecken. Und wie Luis den Fußboden seines Zimmers nicht seinen Füßen vorbehält, sondern ihn so mit Legosteinen, Klamotten, Büchern und Spielkarten bedeckt, dass seine Füße dort gar keinen Platz mehr finden. Was dem Esstisch und dem Fußboden recht ist, sollte einem Schlafzimmerstuhl billig sein. Das nur nebenbei.

Es kam jedenfalls der Tag, an dem wir Gäste hatten. Wir haben normalerweise nur vier Stühle um den Esstisch stehen. Ich ging in den Keller und holte weitere Stühle, darunter den erwähnten, mit weißem Stoff bezogenen Ex-Schlafzimmer-Stuhl.

Als die Gäste gegangen waren, stellte ich diesen wieder ins Schlafzimmer. Legte eine Hose und einen Pullover darauf, die ich beide am nächsten Tag wieder zu tragen beabsichtigte. Ich gab dem Stuhl auf diese Weise etwas Unauffälliges, charmant Dahingestelltes, Schonimmerdagewesenes.

Paola hat noch gar nicht bemerkt, dass er wieder da ist, der Stuhl. Oder sie hat im Moment nicht die Energie, mich wieder mit ihm in den Keller zu schicken. Oder sie erkennt nun auch die Vorteile eines solchen Stuhls neben unserem Kleiderschrank.

Wahrscheinlicher ist, dass sie bald auf die Sache zu sprechen kommt. Wahrscheinlich ist, dass der Stuhl wieder im Keller landet. Ganz sicher ist, dass wir mal wieder Gäste haben.

Vorhangstangen sind
eigentlich doch schön

◆

L ANGE ZEIT GLAUBTE ICH, dass es im Irrenhaus eine
Abteilung für gescheiterte Hobby-Handwerker gibt.
Heute weiß ich es. Denn ich lebe dort, hihi.

Eines Tages sagte Paola zu mir, sie hätte gern im Schlaf-
zimmer einen neuen Vorhang. Sie möchte aber keine
Vorhangstange, sondern ein gespanntes Drahtseil, an dem
Ringe hängen, an denen wiederum der Vorhang hängt.

Sehr schön, sagte ich. Ich bohre dann also in die Wän-
de am Fenster zwei gegenüberliegende Löcher, sagte ich.
In diese Löcher stecke ich Dübel. In diese Dübel schraube
ich Haken. Und zwischen den Haken spanne ich das Seil.

Ich holte Bohrmaschine und Leiter, kletterte und
bohrte. Beim ersten Loch rieselte viel Putz zu Boden. Das
Loch wurde groß, und ich besserte es mit Gips aus. Beim
zweiten war es schlimmer, Altbauwände sind morsch.
Aber ich hatte genug Gips. Ich dübelte und schraubte,
spannte den Draht. Als er straff war, flutschten beide Dübel samt Haken aus den Wänden, von der Spannkraft des

Seils gezogen. Ich wurde ärgerlich, pumpte nun viel Moltofill direkt in die Löcher, steckte die Dübel in das weiche Moltofill, wartete, bis es hart wurde. Schraubte und spannte.

»Vorhangstangen sind eigentlich doch schön«, sagte ich zu Paola.

Diesmal rutschte nur ein Dübel aus der Wand, aber mit ihm eine Menge Moltofill, Putz, Ziegelstaub, Mörtel. Das Loch war unbrauchbar. Ich musste neu bohren und gegenüber an der Wand noch mal, damit das Seil nicht schief hing.

»Verdammt!«, brüllte ich.

»Bei der kleinsten Arbeit in der Wohnung regst du dich auf«, sagte Paola.

»Sag noch einmal kleinste Arbeit !«, schrie ich. »Mach du es, wenn es eine kleine Arbeit ist!«, schrie ich.

»Und du? Ich habe die Vorhänge genäht!«

»Weil du dauernd neue Vorhänge willst, ist mir der Samstag versaut!«

»Die Vorhänge sind auch für dich!«, schrie sie.

Ich bohrte neue Löcher, nahm nun Spezialdübel und Spezialgips, schraubte, spannte. Diesmal krachte das Seil herunter, als die Vorhänge schon dranhingen. Der Stoff bedeckte mich, den Stoff bedeckte körniger Mauerstaub. Ich spuckte entsetzliche Flüche in den Raum.

»Ich hasse deinen Jähzorn!«, rief Paola.

»Warum hast du keinen Handwerker geheiratet?«, schrie ich.

»Das tue ich nach unserer Scheidung!«, rief sie.

Ich bohrte zum dritten Mal, drang ins Mauerwerk wie eine Furie, Steine, Wand, Haus in Wutgesängen verhöhnend. In der Erregung riss ich den Stecker des Bohrers aus der Wand, aber er drehte sich weiter, betrieben von meinem ungeheuren elektrischen Zorn. Dann lief ich zu einem Eisenwarengeschäft in der Nähe, erkundigte mich nach Superspezialdübeln und Superspezialgips. Beides gebe es, sagte die Verkäuferin, aber man habe nur einen kleinen Vorrat. Der sei vorbestellt und werde gleich abgeholt.

Ihr Kittel verglühte im Flammenhauch des Zorns, der aus meinem Mund schlug. Ihre Haut wurde geröstet. Sie stand vor mir wie ein frisch gebratenes, vom Schicksal überraschtes Huhn. Der Ladenbesitzer eilte herbei, sah, was geschehen war, holte ängstlich eilend das Gewünschte. Zu Hause entdeckte ich, dass der Superspezialgips ein Kunststoff war, den man aus zwei Komponenten zusammenrühren musste. Ich tat dies und spritzte die Substanz in die Löcher. Indes härtete sie derart schnell, dass ich mit der Hand am ersten Bohrloch kleben blieb. Als ich mich losriss, blieben Hautfetzen an der Mauer zurück. Trotz Schmerzen dübelte ich, drehte wiederum Haken in die Wand, spannte das Seil, hängte die Vorhänge. Als ich fertig war, geriet ich auf der Leiter aus dem Gleichgewicht, fasste das Seil, riss alles zu Boden.

Ich raffte mich müde auf, wie ein alter Boxer nach einem grauenhaften Hieb, begann noch einmal, ein Loch zu bohren, einen Dübel hineinzustecken, einen Haken hineinzudrehen. An dem dort befestigten Drahtseil wollte ich nicht den Vorhang, sondern mich aufknüpfen.

Kräftige Männer hinderten mich daran. Kräftige Männer brachten mich an den Ort, an dem ich nun lebe. Kräftige Männer beaufsichtigen mich, wenn ich jeden Samstag neu in ein und demselben Zimmer Vorhänge an gespannten Drahtseilen zu befestigen versuche. Sie befestigen ihrerseits vorher Kabel an meinem Körper, die zu einem merkwürdigen Apparat führen. Das kitzelt, aber es ist notwendig. Denn mit der gewaltigen Energie meiner sich entfaltenden Wut wird das Badewasser der gesamten Anstalt beheizt, glaube ich, hihi.

Vor der Party

◆

Zu den heikelsten Phasen im Leben eines Paares zählt zweifellos die Zeit vor dem Aufbruch zu einer Party. Ich glaube, man kann sagen, dass eine Beziehung, die mehrere solcher Aufbrüche überstanden hat, ohne zu zerbrechen, gefeit ist gegen alle übrigen Krisen.

Nehmen wir einmal an, ein Paar sei zum Geburtstag einer gemeinsamen Freundin eingeladen. Nehmen wir spaßeshalber an, der Mann sei ich, die Frau Paola. Nehmen wir an, das Kind der beiden übernachte an diesem Tag bei der Oma. Nehmen wir weiter an, die beiden hätten als Geburtstagsgeschenk eine Vase gekauft. Nehmen wir zuletzt an, Paola föhne sich im Bad die Haare, ich säße fertig umgekleidet auf dem Sofa.

Ich: »Wir sollen um acht da sein. Es ist fünf nach acht.«
Keine Antwort. Der Föhn röhrt.
Ich: »Hallo! Hallo!?«
Keine Antwort.
»HALLO!?«

Der Föhn geht aus.

»Hast du was gesagt?«

»Dass es fünf nach acht ist und wir um acht da sein sollten.«

»Warum bist du so unfreundlich? Pack doch schon mal das Geschenk ein!«

»Ist das noch nicht eingepackt?«

»Nicht dass ich wüsste ...«

Der Föhn geht wieder an.

»Wo ist denn das Geschenkpapier?«

Keine Antwort.

Ich gehe zum Bad. Paola lächelt mich an, während sie sich föhnt.

Ich sage: »Wo ist das Geschenkpapier?«

Sie sagt: »Warum schaust du so grimmig?«

Ich sage: »Ich wollte wissen, wo das Geschenkpapier ist.«

Der Föhn geht aus.

»Was hast du gesagt?«

Sie ordnet ihr Haar, während sie in den Spiegel blickt.

»WO DAS GESCHENKPAPIER IST!!!«

»Hey, Mann, hast du eine Laune! Alle paar Wochen gehen wir mal zu einer Party, und dann hast du so eine Mistlaune!«

Der Föhn geht wieder an.

»Ich hatte glänzende Laune. Aber nun ist es schon zehn nach acht und ...«

Der Föhn läuft. Ich ziehe den Stecker heraus.

»Du wolltest mir sagen, wo das Geschenkpapier ist.«

»Da, wo es immer ist.«

»Und wo ist das?«

»Im Flurschrank.«

Ich beginne, die Vase einzupacken. Paola kommt aus dem Bad. Die Luft zittert ein wenig. Es gibt nun unglaublich viele Möglichkeiten, entsetzliche Gewitter auszulösen. Zum Beispiel sind da die Fragen, ob man nicht dem Geschenk eine Glückwunschkarte beifügen sollte. Wo die Glückwunschkarten sich befinden. Was auf dieser Glückwunschkarte stehen könnte.

Zum Beispiel hat man ein Taxi vorbestellt, das unten wartet – während einer der Partner seine Ohrringe, sein Mobiltelefon, sein Lieblingsparfum nicht findet.

»Immer bestellst du Taxis vor – so etwas Unspontanes!«

Zum Beispiel hat man auch kein Taxi vorbestellt und bekommt auch keines, weil Samstag um diese Zeit alle Taxis unterwegs sind.

»Hättest du nur ein Taxi vorbestellt ...!«

Des Weiteren reicht eine einzige, winzige, unbedachte Bemerkung, das Äußere der Ehefrau betreffend, um Verheerungen anzurichten. Das kann so gehen:

»Wie, findest du, sehe ich aus?«

»Prima. Du bist sehr schön.«

»Das klingt so gleichgültig. Es ist dir vollkommen egal, wie ich aussehe, Hauptsache, wir sind pünktlich, was?«

Oder so: »Wie, findest du, sehe ich aus?«

»Prima. Was ist mit deinen Augen?«

»WIE?! WAS IST MIT MEINEN AUGEN?!«

»Ich weiß nicht. Irgendwie sehr dunkel geschminkt. Aber es sieht trotzdem gut aus, ich meine nur…«

Sie läuft zum Spiegel. Blickt mit weit aufgerissenen Augen hinein.

»Du findest also, ich habe zwei schwarze Löcher im Gesicht…«

Was ich sagen will: Man kann jetzt nichts richtig machen. Die Stunde, bevor man zu einer Party aufbricht, ist die Zeit, in der man alles falsch macht. In der man Nerven aus Stahl braucht. Die man einfach durchstehen muss. Es ist die Stunde, nach der deine Frau zur Taxifahrerin sagt:

»Wenn Sie wollen, können Sie meinen Mann haben.«

Die Fahrerin blickt in den Rückspiegel und sagt dann, aber eben erst dann: »Danke, ich bin verheiratet.«

Nach der Party

◆

ZU DEN INTIMSTEN MOMENTEN im Leben eines Paares gehört die Stunde nach dem Besuch einer Party, einer abendlichen Einladung zum Essen, einem Besuch bei Freunden. Der Austausch von Eindrücken. Die schonungslose Analyse der Anwesenden. Des Essens. Der Einrichtung. Der Beziehung zwischen Gastgeber und Gastgeberin. Des Verhaltens des Partners.

Mich würde interessieren, wie es um die Beziehungen der Menschen bestellt wäre, wenn allen Beteiligten an solchen Begegnungen ein Gesprächsprotokoll dieser Unterhaltungen zugestellt würde. Man würde aus Reaktionen oder Nichtreaktionen die interessantesten Schlüsse ziehen können. Ob jemand beleidigt ist, wenn man über ihn lacht. Ob jemand lacht, wenn man ihn beleidigt hat. Ob es ihm unerträglich ist, dass man überhaupt über ihn geredet hat. Oder ob gerade dies ihm das Wichtigste wäre: dass man über ihn redet – und was?!

Aber das scheitert daran, dass diese Gespräche nie geführt würden, wenn man wüsste, sie werden protokolliert. Oder sonst wie mitgehört.

Wir waren nun bei P. und seiner Frau eingeladen, einige Straßen weiter, eine Wohnung oben in einem alten Haus, mit einer schönen Terrasse über den Dächern. Da saßen wir in der Abendluft und aßen, zu viert, und blieben länger, als wir hatten bleiben wollen. Es war einer jener Abende, an denen man überraschend so vertraut miteinander plaudert, als ob man sich seit Jahren kennen würde, so persönlich, wie man mit anderen, mit denen man eben seit Jahren bekannt ist, nicht bis ins Grab hinein reden würde. Mit den P.s hatten wir bis dahin nie wirklich gesprochen, immer waren wir ihnen nur an anderen Orten flüchtig begegnet – bis sie uns eingeladen hatten.

Irgendwann empfahl ich P. ein Buch, das ihn sehr interessierte. Ich erinnerte mich nicht genau an den Titel und den Namen des Autors, aber weil P. das Buch anscheinend am liebsten noch am selben Abend gelesen hätte, gab er mir seine Handynummer, damit ich ihm alles sagen könnte, so bald wie möglich. Ich speicherte die Nummer in meinem Handy und steckte es in die Hosentasche.

Man soll sein Handy nicht in die Hosentasche stecken, ich weiß, seine Strahlung könnte die Qualität des Erbgutes vermindern, aber da ich als Vererber schon dieses und jenes geleistet habe und es bei mir nicht mehr so darauf ankommt (jedenfalls, was die Erbgüte angeht, möchte ich betonen), lasse ich manchmal fünfe gerade sein, wenn der Ausdruck erlaubt ist.

Paola und ich sprachen auf dem Heimweg, wie wir (und wie, so mein fester Glaube, nahezu alle Paare) immer sprechen nach solchen Abenden: Findest du nicht, dass hinter seiner lauten Art in Wahrheit ein unsicherer Mensch steckt? Was bedeutet es, dass Leute mit viel Geschmack diese herrliche Terrasse so lieblos möbliert haben...! Dafür, dass sie so ein Mordsgewese um das Essen gemacht haben, war es nicht soooo toll! Gesundheitsvorsorge finde ich schön, aber dass sie nach der Nachspeise Zahnseide gereicht haben...

Am nächsten Morgen klingelte mein Handy. Weil ich seine Nummer gespeichert hatte, sah ich sofort, dass es P. war – aber ich wunderte mich. Denn ich hatte ihm *meine* Nummer nicht gegeben.

»Ach, *du* bist es tatsächlich...«, sagte er nachdenklich.

»Natürlich«, sagte ich. »Wieso...?«

»Ich wollte nur wissen...«, sagte er. »Von dieser Nummer ist gestern Abend noch bei mir angerufen worden, aber ich habe das Läuten nicht gehört, und nun wollte ich wissen, wer...« Er brachte das Gespräch schnell auf das Buch, das er lesen wollte, und wir legten wieder auf.

Ich sah in meinem Handy nach. Seine Nummer war die letzte, die ich gestern Abend gewählt hatte. Von meiner Hosentasche aus. Versehentlich. Danach war das Telefon an gewesen, bis die Verbindung irgendwann abbrach.

Er hatte alles gehört. Auf seiner Mailbox.

Hatte ich nicht eingangs gesagt, dass ich gerne wüsste, wie es um die Beziehungen der Menschen untereinander bestellt wäre, wenn ...? Dass es aber nicht möglich sei, das zu erfahren?

Doch, es geht. Ich werde es bald wissen. Jedenfalls in diesem einen, sehr speziellen Fall werde ich es wissen.

Ich nahm das Handy und wählte P.s Nummer, um ihn und seine Frau zum Essen einzuladen.

Kino 1:
Von Opti- und Pessimisten

◆

DIE MENSCHHEIT besteht aus Optimisten und Pessimisten. Aus solchen, die das Leben leicht-, und solchen, die es schwernehmen.

Und unsere Ehe besteht aus Paola und mir.

»Lass uns ins Kino gehen«, sagt Paola.

»Gibt eh keinen guten Film«, sage ich.

»Bestimmt gibt es einen guten Film«, sagt sie, schaut ins Kinoprogramm, sucht einen Film aus, ruft im Kino an, bestellt Karten. Dann fahren wir los, mit dem Auto.

Fünfhundert Meter vor dem Kino sehe ich einen Parkplatz, halte an, lege den Rückwärtsgang ein und …

»Was machst duuuu denn?«, fragt Paola.

»Parken«, sage ich.

»Das Kino ist erst da hinten«, sagt sie.

»Aber da hinten, wo das Kino ist, finden wir vielleicht keinen Parkplatz«, sage ich.

»Woher willst du das wissen?«, sagt sie. »Fahr erst mal hin!«

»Und dann ist da nichts, und dieser Parkplatz hier ist vielleicht auch weg«, sage ich.

»Entschuldigung, ich soll von hier zu Fuß bis zum Kino latschen?«, sagt sie. »Ist es wahr, dass du mir sagen willst, dass ich von hier zu Fuß zum Kino latschen soll?«

»Die paar Meter…«, sage ich. »Was ist dabei?! Ein kleiner Spaziergang.«

»Ein Spaziergang, in dieser Gegend!«, höhnt sie. »Findest du es nicht furchtbar spießig, selbst so ein kleines Abenteuer, so ein winziges Wagnis zu scheuen wie dieses, dass wir eventuell vor dem Kino keinen Parkplatz finden?«

»Du findest also, dass ich ein mutloser, spießiger Waschlappen bin«, sage ich.

»Nein, aber du bist immer so pessimistisch«, sagt sie. »Jetzt fahr nach vorn zum Kino, da wird schon ein Parkplatz sein.«

»Pessimismus ist angeboren«, sage ich, biege aus der Parklücke wieder aus und fahre Richtung Kino. »Dagegen kann man nichts tun. Erst neulich habe ich von einer Harvard-Studie gelesen: Pessimistengehirne schütten nicht genug von einer bestimmten Anti-Angst-Chemikalie aus, deshalb ist ihr Nervensystem unruhiger, und sie müssen immer das Schlimmste fürchten.«

»Ja, aber dann weißt du doch, woher alles kommt, und musst dich nicht sorgen«, sagt sie.

»Siehst du«, sage ich, »vor dem Kino ist kein Parkplatz.«

»Weil wir da vorn so viel Zeit mit deinem Pessimismus vertrödelt haben«, sagt Paola.

»Immerhin hätten wir dort parken können«, sage ich. »Jetzt kommen wir wahrscheinlich zu spät, um die Karten abzuholen. Man muss sie eine halbe Stunde vor Filmbeginn abholen.«

»Dann steige ich schon mal aus und hole sie, während du einen Parkplatz suchst«, sagt sie.

»Ach soooo«, sage ich. »Madame lassen sich vorfahren, und ihr spießig-pessimistischer Chauffeurstrottel darf durch die City irren.«

»Jetzt hab dich nicht so!«, sagt sie. »Wozu bist du ein Mann?«

Sie steigt aus, und ich fahre weiter, biege rechts ab und links und links und rechts – nirgends eine Parklücke. Komme zu dem Parkplatz von vorhin – da steht nun jemand. Schreie wütend im Auto herum. Fahre weiter und weiter und parke schließlich weit entfernt vom Kino. Gehe eiligen Schrittes zurück. Komme schwitzend an. Vor dem Eingang wartet Paola.

»Ich habe einen Parkplatz gesucht«, zische ich.

»Aber hier ist einer«, sagt sie und zeigt auf eine Parklücke, die tatsächlich vor dem Kino gerade frei wird.

»Ich bin durch die Stadt gezockelt«, sage ich, »weil du den Platz vorhin nicht nehmen wolltest.«

»Dass du dich immer so ärgerst«, sagt sie, »ist nicht gut

für deine Gesundheit.« Sie nimmt mich in den Arm und sagt: »Nimm das Leben leichter!«

»Ach ...«, sage ich.

Kino 2:
Das Gespräch

◆

EIN GESPRÄCH ZWISCHEN PAOLA UND MIR. Ich liege abends im Bett, Paola kommt zur Tür herein.

ICH: »Ich würde morgen Abend gern ins Kino gehen. Geht das? Passt du auf Luis auf?«

PAOLA: »Ja, geh nur.«

ICH: »Wieso musst du da so einen genervten Unterton hineinlegen?«

PAOLA: »Muss ich vor Begeisterung aufschreien, wenn du ins Kino gehen willst?«

ICH: »Wie soll ich am Kinogehen Spaß haben, wenn ich dann dasitze, schlechten Gewissens ...«

PAOLA: »Ah, du hast ein schlechtes Gewissen, wenn du mich abends zu Hause sitzen lässt, wo ich schon den ganzen Tag sitze mit Luis!«

ICH: »Ich gehe nicht, wenn du's mir nicht gönnst.«

PAOLA: »Dann gehst du eben nicht. Wenn du nicht gehst, kann ich ja gehen.«

ICH: »Was!? Erst bist du dagegen, dass ich ins Kino gehe, jetzt willst du selbst ...!«

PAOLA: »Bitte? Ich war dagegen, dass du ins Kino gehst?! Ich habe doch gesagt: Ja, geh nur.«

ICH: »Die ganze Woche arbeitet man, und wenn man mal ins Kino möchte…«

PAOLA: »Was glaubst du, was ich hier im Haushalt mache? Keine Arbeit?«

ICH: »Dafür willst du ja morgen schon wieder ins Kino!«

PAOLA: »Was heißt schon wieder?!«

ICH: »Es heißt, dass ich nicht ins Kino gehen kann, weil du ins Kino gehen möchtest.«

PAOLA: »Aber du hattest doch gesagt, du willst nicht ins Kino.«

ICH: »Das hatte ich gesagt, als du gesagt hattest, dass du nicht willst, dass ich ins Kino gehe.«

PAOLA: »Ich habe doch nicht gesagt, dass ich nicht will, dass du ins Kino gehst! Ich habe gesagt: Ja, geh nur. Muss man hier ein Tonband mitlaufen lassen?«

ICH: »Es kommt drauf an, wie man was sagt und wie man die Mundwinkel dabei runterzieht.«

PAOLA: »Ich habe die Mundwinkel nicht runtergezogen.«

ICH: »Dann geh halt ins Kino, wenn du unbedingt willst.«

PAOLA: »Du könntest auch mal sagen, dass du den Abend mit mir verbringen möchtest.«

Ich: »Und warum sagst du nicht, dass du den Abend mit mir verbringen möchtest?«

Paola: »Weil du ins Kino gehen wolltest.«

Ich: »Deswegen kannst du trotzdem sagen, dass du den Abend mit mir verbringen willst.«

Paola: »Es macht keinen Spaß, den Abend mit jemand zu verbringen, der die ganze Zeit denkt, dass er lieber im Kino wäre.«

Ich: »Aber wenn du zuerst gesagt hättest, dass du den Abend mit mir verbringen willst, hätte ich von Kino gar nichts mehr gesagt.«

Paola: »Woher sollte ich wissen, dass du gleich sagen würdest, dass du ins Kino gehen möchtest?«

Ich: »Du willst ja selbst ins Kino gehen.«

Paola: »Du hättest vielleicht nicht mehr gesagt, dass du ins Kino gehen willst. Aber innerlich gewollt hättest du es trotzdem.«

Ich: »Nein, ich … Lass uns den Abend zusammen verbringen! Das ist schöner als Kino.«

Paola: »Jetzt zählt es nicht mehr.«

Ich: »Wieso?«

Paola: »Weil ich dir nun gesagt habe, dass es schön gewesen wäre, wenn du gesagt hättest, dass es schön wäre, wenn wir den Abend zusammen verbringen würden. Du hättest es von selbst sagen müssen.«

Ich: »Gut, dann gehe ich eben doch ins Kino.«

PAOLA: »Aha. Eben hast du noch gesagt, du willst den Abend mit mir verbringen. Jetzt sagst du, was du wirklich willst.«

ICH (flüsternd): »Können wir das ganze Gespräch noch mal von vorn anfangen. Bittebittebitte!«

Kino 3:
Die Brille

◆

SEIT MEHR ALS ZEHN JAHREN bin ich mit Paola verheiratet, und immer noch liebe ich das Leichte, Spontane, Unorganisierte ihres Wesens, sosehr ich manchmal darunter leide. Ich bin ein schwerblütiger, planender, unspontaner, superpünktlicher, überorganisierter Mensch. Jedoch leide ich auch unter meinem eigenen Charakter – wie es überhaupt wenige Dinge im Leben gibt, unter denen ich nicht leide. Ich wäre gerne wie Paola. Aber ich bin es nicht. Wenigstens bin ich mit ihr verheiratet, mehr als zehn Jahre, wie gesagt.

Nach zehn Jahren gibt es wenig, das man nicht voneinander wüsste. Es gibt keine Geschichte aus dem Leben des anderen, die man noch nicht von ihm gehört hätte, und wenn ich – egal in welcher Runde – zum Beispiel die berühmte Anekdote von meinem Onkel Walter erzähle, der zwei Goldfische verschlucken und lebend wieder ausspucken konnte, dann winkt Paola ab und sagt: »Ach, das habe ich schon oft gehört.« Dafür gehe ich immer austreten, wenn Paola berichtet, dass ihre Tante Karla zur Freude von Nichten und Neffen ihre Perücke einige Zentimeter über dem Kopf schweben lassen konnte.

Was das Kino angeht, so haben wir leider unterschiedliche Vorlieben: Ich sitze am liebsten so weit wie möglich hinten, Paola aber nimmt gern die vorderen Reihen – sie sehe dann besser, sagt sie. Jedes Mal, wenn wir ins Kino gehen, gibt es einen kleinen Streit darüber. Dann gibt es noch einen etwas größeren Streit, wenn Paola kurz vor dem Filmstart ihre Brille zu suchen beginnt, in der Handtasche, in der Jacke, in meinem Mantel – überall. Und einen richtig großen Streit gibt es, wenn sie die Brille nicht findet. Meistens ist die Brille aber irgendwo in einem hinteren Handtaschenwinkel, und wenn ich mich gerade aufzuregen beginne, findet Paola sie, setzt sie auf und sagt: »Was regst du dich auf – hier ist sie doch!«

Neulich gingen wir in das kleine Kino, das genau gegenüber unserem Haus liegt. Luis war bei der Oma. Paola wartete noch auf einen wichtigen Anruf.

Ich sagte: »Ich gehe schon rüber und halte Plätze frei. Soll ich deine Brille mitnehmen, damit du sie nicht vergisst?«

»Nein«, sagte Paola. »Nicht nötig.«

»Bist du sicher?«

»Absolut.«

Das Foyer war voll. Ich konnte mich nicht nach vorne

drängeln, sondern zwängte mich mit der Menge ins Kino. Das Kino ist sehr klein, die Leute besetzten rasch alle Sitze. Nur in der vorletzten Reihe fand ich noch zwei zusammenhängende Plätze. Ich belegte sie. Paola kam nicht. Licht aus. Werbung. Fünf Minuten. Zehn Minuten. Tür auf: Paola. Ich winkte im Dunkel. Sie sah mich nicht. Suchte in den vorderen Reihen. Ich winkte. Rief leise. Sie kam zu mir.

»Jetzt sind wir zehn Jahre verheiratet!«, murmelte sie. »Du weißt, dass ich nicht hinten sitzen möchte.«

»Vorne waren keine Plätze. Warum bist du so spät?«

»Ich habe meine Brille nicht gefunden.«

»Und wo hast du sie jetzt?«

»Hier, in der Handtasche.«

Sie begann, in ihrer Handtasche zu kramen. Suchte die Brille. Suchte. Und suchte.

Und fand sie nicht.

»Sie muss rausgefallen sein«, flüsterte Paola. Sie begann, auf dem Fußboden zu suchen. Ich kroch ebenfalls unter den Sitzen umher. Die Leute um uns wurden unruhig. Einige murrten leise. Der Hauptfilm begann.

»Jetzt habe ich sie doch auf der Kommode liegen lassen«, sagte Paola leise. Plötzlich lag ihre Hand auf meinem Knie. »Schatziiii … Es ist gleich gegenüber. Und du sitzt außen.«

Ich ließ einen halblauten, unterdrückten Wutschrei

los. »Ist jetzt bald Ruhe da hinten?!«, rief jemand. Ich stand auf, verließ das Kino, ging hinüber und suchte Paolas Brille. Und suchte. Und suchte. Und fand sie nicht. Ich ging schließlich zum Schreibtisch und nahm aus der Schublade eine Ersatzbrille, die sie dort verwahrte.

Als ich ins Kino zurückkehrte, hatte Paola ihre Brille auf. »Ich habe sie doch noch gefunden«, sagte sie. »Stell dir vor: in meiner Jacke. Entschuldige tausend Mal.«

Ich stöhnte auf. Sie nahm meine Hand und küsste sie.

»Liebst du mich?«, fragte Paola.

»Sehr«, seufzte ich, küsste ihre Hand und versuchte mich zu erinnern, wie der Film hieß.

Als ich meine Frau beim Sex störte

◆

BISWEILEN BETRETE ICH DAS WOHNZIMMER und sehe Paola auf die Chaiselongue gebreitet, Kerzenlicht taucht den Raum in gedämpft flackerndes Licht, neben ihr steht ein Glas Rotwein. Der Fernseher ist an. Unhörbar ziehe ich mich zurück, man darf sie jetzt nicht stören, sie sieht gerade die letzte Folge ihrer aktuellen Lieblingsserie, es ist, sagen wir, *Six Feet Under*, eine Film-folge über das Begräbnisunternehmen der Familie Fisher, das nach dem Tod des Vaters von den beiden Söhnen weitergeführt wird.

An anderen Tagen drücke ich die Klinke der Wohn-zimmertür, und meine Frau sitzt auf dem Sofa, den Kopf in die Hände gestützt, das Gesicht von Tränen nass, der Blick auf den Fernseher gerichtet, und natürlich gehe ich wieder rückwärts, denn sie sieht *Die Tudors*, eine Serie über Heinrich VIII. und seine Frauen, die offenkundig von solcher Eindringlichkeit ist, dass Paola nach Folgen, in denen es beispielsweise um die physischen Leiden

Heinrichs oder einer seiner geliebten Weiber geht, von ganz ähnlichen Symptomen befallen wurde.

Ich kenne das, aber nicht von ihren, sondern von meinen Lieblingsserien, den *Sopranos* zum Beispiel, jener zu Recht sehr berühmten amerikanischen Folge von 86 Episoden, der ich eine Weile so verfallen war, dass ich mir schließlich selbst vorschreiben musste, pro Abend *nur eine Folge* zu sehen, damit ich nicht zu früh durch wäre mit allen. Die Männer in den *Sopranos* tragen so wunderbare Namen wie Furio Giunta, Bobby Baccalieri oder Carmine Lupertazzi, und eine Zeit lang waren viele von ihnen mir näher als die Angehörigen meiner eigenen Familie. Unvergesslich jener Abend, an dem Tony Soprano seinen Neffen Christopher Moltisanti tötet, ich war zu nichts mehr zu gebrauchen danach, es war, als wäre ein enger Vertrauter gestorben.

Was ich nicht verstehe: Warum Paola und ich in all den vielen Jahren nie eine Serie fanden, die wir *gemeinsam* sehen wollten. Wir gehen oft gemeinsam ins Kino, wir lesen nicht selten dieselben Bücher – aber nie sehen wir dieselbe Serie, schon gar nicht zur selben Zeit. Es geht nicht. Wie oft hat *sie mich* schon aufgefordert, mal auf dem Sofa neben ihr ein bisschen *Rome* zu sehen?! Wie oft habe *ich ihr* erklärt, dass *The Wire* mich fasziniert wie zuvor vielleicht nur *Allein gegen die Mafia* mit Michele Placido oder eben die *Sopranos*?!

Das trennt uns. Jeder seufzt für sich allein. Sie hat eine Vorliebe fürs große Gefühl, ich habe einen Hang zum organisierten Verbrechen.

So kommt es, dass ich am Abend meinen Fuß ins Wohnzimmer zu setzen versuche, während gerade die nackte und keuchende Anne Boleyn in einem wilden Akt dem nicht minder nackten und keuchenden Heinrich in ihrer Leidenschaft den Rücken zerkratzt.

»Jetzt nicht!«, sagt sie leise, ohne den Blick in die ineinander Verkeilten zu wenden – und ich gehe, ohne zu zögern.

Man muss wissen, dass man seine Frau nicht beim Sex stören sollte. Ich möchte auch nicht von ihr während eines Strangulationsmordes behelligt werden.

Die Zahnpastatube

◆

WARUM GELINGT ES MIR NICHT, Paola, meine Frau, zu bewegen, die Zahnpastatube im Bad senkrecht abzustellen? Also auf dem Schraubverschluss stehend. So, wie es eigentlich selbstverständlich sein sollte. So, wie es die Hersteller auch vorgesehen haben. Sie haben die Schraubverschlüsse derart konstruiert, dass die Zahnpastatuben darauf stabil postiert werden können. Und so, dass die Zahnpasta, weil sie in dieser Stellung immer nach unten sinkt, also der Tubenöffnung entgegen, sich rasch und in ihrer ganzen Fülle auf die Zahnbürste drücken lässt.

Paola aber legt die Zahnpastatube hin.

Ich habe immer wieder scharf dagegen protestiert. Ich hatte es zu einem meiner Hauptprojekte im privaten Bereich gemacht, meiner Frau das Idiotische ihres Handelns klarzumachen und sie zu einer Verhaltensänderung zu bewegen. Wenn man diese Kunststoffzahnpastatuben hinlegt, statt sie auf dem Schraubverschluss abzustellen, ist es (gerade an den Tagen, an denen die Zahnpastatube allmählich leer wird) ausgesprochen schwer, Zahnpasta aus der Tube zu drücken. Unnötig schwer. Gerade morgens und abends, wenn man noch oder schon müde ist, möchte man es aber nicht schwer haben. Man möchte leichter Hand einen Zahnpastastreifen auf die Bürste legen. Sich nicht abmühen müssen.

Paola findet es lächerlich, dass ich so mit ihr rede. Über solche Themen. Dass ich eine solche Banalität in unsere Beziehung bringe. Zu bringen wage.

Sie hat recht. Wir sollten über größere Gegenstände sprechen, über das Ewige unserer Liebe.

Aber nicht ich bin es doch, der dieses blöde und einer Ehe erwachsener Menschen unwürdige Thema aufs Tapet bringt. Sondern sie. Durch ihr dummes Verhalten. Durch ihr ausgesprochen dummes Zahnpastatubenhinlegeverhalten. Würde sie die Tube abstellen, wie ich es in Übereinstimmung mit den Intentionen der Zahnpastatubenhersteller propagiere und wie es ja auch einzig sinnvoll ist, müsste man darüber nicht ein Wort verlieren.

Leider muss ich sagen, dass ich inzwischen das Gefühl habe: Sie tut es absichtlich. Sie erzieht sogar unseren Sohn dazu. Auch er soll seine Tube nicht aufstellen, sondern hinlegen. Sie wartet dann meine Reaktion ab. Ob ich diese hingelegte Tube einfach nur aufstelle oder ob ich sogar etwas sage. Mich beschwere. Damit sie mich einen Spießer nennen kann. Eine zwanghafte Person.

Sie findet das lustig. Sie wirft in die Debatte, ob das Ganze nicht eine sexuelle Dimension habe: die signalhaft aufgerichtete Tube einerseits und der matt und flach daliegende Behälter andererseits.

Ich sage, selbst Freud habe erklärt: Manchmal sei eine Zahnpastatube nur eine Zahnpastatube.

Sie fragt mich, wo mein Humor bleibe. Sie sagt, sie wolle mich nur necken.

Ich möchte aber nicht geneckt werden. Nicht in dieser Sache. Ich möchte nur, dass meine Zahnpastatube so dasteht, wie ich sie dastehen haben möchte. Nur diese kleine Bitte habe ich. Diese sehr kleine Bitte. Jeder Mensch hat neben seinen großen Plänen eine kleine Bitte. Und ich habe eben diese.

Vor Jahren habe ich mal einen Mann kennengelernt, der mir erzählte, der einzige ernsthafte Konflikt, den er mit seiner Frau habe, drehe sich um die Frage, ob man die Zahnpastatube im Verlaufe des Ausdrückens aufrolle oder nicht. (Etwas, das man mit modernen Plastikzahnpastatuben gar nicht mehr machen kann: aufrollen.)

»Was für leidenschaftslose Menschen!«, dachte ich.

Das stimmte nicht. Die Ehe wurde geschieden – und zwar nicht wegen aufgerollter oder unaufgerollter Tuben.

So weit ist es bei uns nicht. So weit wird es bei uns nie kommen. Wir haben eine Menge anderer Themen. Große Themen! Aber dieses Thema haben wir auch.

Leider haben wir es eben auch.

Ich habe bereits über getrennte Tuben nachgedacht. Doch ich traue Paola zu, dass sie sich nicht an eine solche Trennung hält, dass sie also meine Zahnpastatube benutzt, als wäre es ihre. Und dass sie diese dann hinlegt.

Vielleicht finde ich eine Lösung. Ich werde weiter auf die Tube drücken. Man darf die Hoffnung nicht aufgeben. Das ist ja das Kennzeichen großer Liebe: dass man die Hoffnung nie aufgibt.

Meine Sachen, ihre Sachen

◆

AB UND ZU ZIEHT PAOLA KLEIDUNGSSTÜCKE AN, die mir gehören. Ein T-Shirt zum Schlafen. Ein Flanellhemd, wenn es kühl wird. Einen Regenmantel. Die alte Lederjacke, die ich trug, als wir uns kennenlernten. Aus irgendeinem verdammten Grund mag ich das nicht, ich weiß nicht, warum. Die Sachen sind ihr viel zu groß, aber das ist es nicht, sieht ja süß aus. Keine Ahnung, was es ist. Geiz. Egoismus. Angst, die Kontrolle zu verlieren. Irgendsowas.

»Meine anderen Männer mochten es früher sehr, wenn ich Sachen von ihnen anhatte«, sagt Paola.

»Das ist die zweite Sache, die ich nicht leiden kann«, sage ich. »Dass du andere Männer hattest.«

Es könnte mir ja auch wirklich gefallen. Es hat was Besitzanzeigendes, wenn eine Frau Sachen ihres Mannes trägt, quasi von ihm umhüllt ist. Außerdem ist es immer noch besser, als wenn *ich ihre* Sachen trüge. *Das* wäre seltsam. Ich bin nicht seltsam. Vielleicht bin ich selbstbesessen, bitte: Wer jede Woche einem verwöhnten, belesenen, extrem kritischen Millionenpublikum von seinem Leben erzählt, *muss* selbstbesessen sein, nicht wahr? Es gehört zu seinen beruflichen Grundqualifikationen.

Übrigens war ich vor Kurzem für ein paar Tage in London, wo mir das Farbmagazin des *Guardian* in die Hände fiel, einer vorzüglichen Zeitung. (Allen vorzüglichen Zeitungen liegt so ein Magazin bei, das ist in Deutschland auch so, achten Sie mal drauf.) Darin fand ich einen Fragebogen, beantwortet vom Schriftsteller Jonathan Coe.

Eine Frage war: »Welche Eigenschaft finden Sie bei sich selbst am schlimmsten?« Coe antwortete: »Meine Selbstbesessenheit.«

Die nächste Frage lautete: »Welche Eigenschaft finden Sie bei anderen Leuten am schlimmsten?« Coe antwortete: »Dass sie sich nicht genug für mich interessieren.«

Das sind Antworten, die für mich auch gelten.

Aber was ich eigentlich erzählen wollte: Kürzlich zog ich mich zum Schreiben für eine Woche ins Landhaus eines Freundes zurück. Wollte einsam und ungestört an einer dringenden Arbeit sitzen. Ich fuhr zwei Stunden Auto. Bevor ich zu dem Haus fuhr (es liegt allein in einem Wald), wollte ich im Dorf Lebensmittel kaufen. Ich hatte kein Geld mehr, fuhr zur Sparkasse, steckte meine EC-Karte in den Automaten und wollte meine Geheimnummer eintippen. Aber ich wusste sie nicht mehr. Zum ersten Mal in meinem Leben hatte ich sie vergessen. 1478? 1748? 7184? Ich hatte zwei Wochen zuvor eine neue EC-Karte bekommen plus neue Nummer. Ich gab sie einmal falsch ein. Noch mal. Beim dritten Mal werden die Karten vom Apparat gefressen. Also rief ich Paola an. »Ich weiß genau«, sagte ich, »dass ich die graue Weste mit dem Reißverschluss und dem großen Kragen anhatte, als ich den Brief mit der Geheimnummer öffnete. Und dass ich den Nummernzettel in die Innentasche gesteckt habe. Die Weste hängt im Kleiderschrank.«

Paola sagte, sie werde zurückrufen. Als sie zurückrief, sagte sie: »Im Schrank ist die Weste nicht.«

»Ich habe die Weste aber hineingehängt«, sagte ich.

»Hast du keine Kreditkarte?«, fragte sie.

»In meiner Lederjacke«, sagte ich. »Sie hängt im Schrank. Was soll ich hier draußen mit einer Kreditkarte? Such bitte weiter.« Vor der Sparkasse wartete ich auf ihren Rückruf. Der kleine Laden im Dorf würde bald schließen. Ich war hungrig und durstig. Durch meinen Kopf irrten Zahlen: 1478? 1784? 7184? Plötzlich war ich sicher, mich an die Nummer zu erinnern, ging rasch zum Automaten, gab die Zahl ein. Der Automat teilte mit, die Karte werde aus Sicherheitsgründen eingezogen.

Paola rief an: »Willst du wissen, wo die Weste war?«

»Nein«, sagte ich.

»Willst du die Geheimzahl wissen?«

»Nein«, sagte ich.

»Es ist meine Schuld, Liebling!«, sagte sie. »Ich habe die Weste angezogen, als ich Luis zur Oma brachte. Dann habe ich sie dort vergessen. Dann habe ich vergessen, dass ich sie dort vergessen habe.«

So war das. Ich lieh mir Geld von einem in der Nähe wohnenden Freund meines Freundes, des Landhausbesitzers, und kam so über die Woche.

»Wie kann man auch eine Geheimnummer in der Weste lassen!«, sagte Paola.

»Aber es ist doch meine Weste…«, sagte ich leise.

Die Handtasche

◆

ZUM BEISPIEL LÄSST PAOLA überall in der Wohnung Sachen liegen, und das stört mich, aber ich bin machtlos. Ihr Bademantel liegt im Wohnzimmer, auf dem Küchentisch stapelt sich Büromaterial, und dann hat sie die Eigenart, sich ein Bier einzuschenken, dieses Bier auf der Kommode im Flur abzustellen – und dort zu vergessen.

»Aber warum, um Himmels willen, schenkst du dir ein Bier ein«, frage ich, »wenn du es dann vergisst. Wenn du anscheinend keinen Durst hast.«

»Gott, bist du spießig!«, sagt sie.

Meine kleine Rache: Sie lässt auch Geld herumliegen. Das stecke ich ein.

»Sag mal, hast du hier Geld liegen sehen?«, fragt sie irgendwann. »So fünfzig Euro?«

»Klar«, sage ich. »Habe ich eingesteckt.«

»Du kannst nicht einfach mein Geld einstecken!«, sagt sie. »Ich hatte schon Luis im Verdacht.«

»Luis ist ein ehrlicher Kerl. Ich auch. Aber du lässt immer und überall Sachen liegen, das mag ich nicht.«

»Gott, bist du ein Spießer.«

Ja, das bin ich, aber ich bin auch eine ehrliche Haut. Ich hätte ihr das Geld sowieso gegeben, es geht ja nicht um das Geld, es geht um kleine Rache, wie gesagt. Für dieses Herumliegenlassen. Ich muss mich abreagieren.

Wieso lässt sie überall Dinge liegen?

Meine These: Um das Leben spannend zu machen. Denn wenn man Dinge irgendwo hat liegen lassen, dann kommt die Stunde, in der man sie suchen muss, weil man sie braucht. Dann wollen wir ins Kino gehen, ich stehe schon in der Tür, und Paola sagt: »Wo ist meine Brille?« Oder: »Hast du meine Ohrringe gesehen?« Oder: »Ist dir irgendwo mein Portemonnaie aufgefallen?«

Dann wird gesucht. Und plötzlich ist es fraglich, ob wir das Kino pünktlich schaffen. Auf einmal wissen wir nicht, ob wir den Anfang des Films sehen werden. Ob wir uns nicht in einem bereits dunklen Saal an murrend sich erhebenden Menschen vorbei werden schieben müssen.

Ein kluger Mann hat vor einer Weile einen Aufsatz über Fußballtoto geschrieben und dabei eine Definition der *Wette* geliefert, die ich sehr gelungen finde. Sie lautete, wenn ich mich recht entsinne: Eine Wette sei die Dramatisierung dessen, was ohnehin geschieht.

Paola versucht ständig, unseren ohnehin geschehenden Alltag zu dramatisieren, indem sie mit sich selbst oder dem Schicksal wettet: ob sie dies oder jenes finden wird …

Das ist das Gegenteil von dem, was ich empfinde, denn ich finde das, was ohnehin geschieht, sowieso derart unerträglich aufregend, dass ich es permanent zu entdramatisieren versuche. Ich hänge meine Schlüssel immer an denselben Haken. Ich deponiere meine Brieftasche immer auf dem Vorsprung der Küchenvitrine. Ich platziere meine Klamotten immer auf dem Sessel im Schlafzimmer.

Das beruhigt mich. Entspannt mein Leben.

Paola wühlt es wieder auf. Sie verfügt zu diesem Zweck über ein Mittel, das ich, wie die meisten Männer, nicht besitze: ihre Handtasche. Mehrere Handtaschen. Die Handtaschen sind geschickt in der Wohnung verteilte schwarze Löcher für Gegenstände aller Art, jederzeit bereit, Lippenstifte, Parfumflakons, Telefone, Autoschlüssel, Notizbücher zu verschlingen und nie oder nur nach langer Wühlarbeit wieder herzugeben.

Die Handtasche ist der Zauberzylinder meiner Frau, ein jederzeit verfügbares, immer einsetzbares Dramatisierungsmittel. Man kann Dinge hineintun, die später an ganz anderem Ort wieder hervorgeholt werden. Man kann Dinge herausholen, die an weit entfernten Orten vermutet worden waren. Man kann die Handtasche überall mit sich führen, um darin wie nebenbei Gegenstände zu versenken, damit man sie an langweiligen Tagen mit großem Getöse suchen kann.

Oder man trägt in der Handtasche etwas, das eine normale, fade und entspannte Situation unerwartet in ein Inferno verwandeln kann. Ich denke an eine Saftflasche, die Paola aus unerfindlichen Gründen in der Handtasche mit sich trug und nicht richtig verschlossen hatte. Sie ließ sie in einem Café umkippen, als wir nach einem langen Arbeitstag Entspannung suchten – und natürlich nicht fanden, denn Paolas Kleid, nun ja …

Die Uhr

◆

S ELTSAMES GEHT MIT MIR VOR. Ich verwandle mich, seit ich Paola kenne, Stück für Stück.

Als Gregor Samsa sich verwandelte … Nein, Kafka beschreibt ja nicht, wie Samsa sich verwandelte, seine Geschichte handelt von der Zeit, als Samsa *sich schon verwandelt hatte*, und die Erzählung beginnt mit den Sätzen: »Als Gregor Samsa eines Morgens aus unruhigen Träumen erwachte, fand er sich in seinem Bett zu einem ungeheueren Ungeziefer verwandelt. Er lag auf seinem panzerartig harten Rücken und sah, wenn er den Kopf ein wenig hob, seinen gewölbten, braunen, von bogenförmigen Versteifungen geteilten Bauch …«

Ich bin noch im Prozess der Verwandlung begriffen. Es ist wie in Roald Dahls Geschichte *Gelée Royale*, in der ein Mann und sein Baby sich langsam in riesige Bienen verwandeln – ein Vorgang, den die Ehefrau und Mutter verwirrt beobachtet. »Mrs. Taylor sah ihn mit seinem borstigen Kopf, dem haarigen Gesicht und dem plumpen gedrungenen Körper vor dem Bücherschrank hocken, sie hörte seine summende Stimme, und plötzlich fiel ihr auf, dass er irgendwie an eine Biene erinnerte...«

Sie wendet sich ihrem Mann zu und sagt: »Du siehst neuerdings ein bisschen wie eine Biene aus. Ist dir das schon mal aufgefallen?«

Er dreht sich um und blickt sie erstaunt an.

Ich hingegen habe das Gefühl, mich in eine Uhr zu verwandeln. Aber es fällt niemandem auf. Paola nicht. Luis nicht. Bosch nicht. Nur mir.

Alles begann im Sommer. Paola und ich fuhren allein mit dem Kanu über einen See, ich paddelte, sie sonnte sich in der Bootsmitte und machte plötzlich eine schnelle Körperbewegung, auf die ich nicht reagieren konnte – zack, lag ich im Wasser. Paola auch. Wir prusteten, planschten, schwammen. Schoben das Boot an eine flache Stelle, richteten es auf, stritten ein Weilchen herum und fuhren weiter.

Es war ein heißer Tag, das war Glück. Ich trug meine fast fünfzig Jahre alte Armbanduhr, das war Pech. Die Uhr verträgt kein Wasser. Sie musste trockengelegt, generalüberholt und repariert werden, das kostet. Und dauert.

Ich hatte keine andere Uhr. Also kaufte ich mir preiswerten Ersatz, eine Uhr mit Kalender, bloß dass der Kalender immerzu das falsche Datum zeigt. Nahezu täglich muss ich den Kalender korrigieren, außerdem geht die

Uhr nach. Ich muss sie immer wieder richtig stellen, bis ich nun das Gefühl habe, ich sei eigentlich der Kalender für die Uhr und irgendwie auch die Uhr für die Uhr. Ich weiß das Datum besser und die Zeit besser, also: Wozu besitze ich diese Uhr? Sie besitzt mich.

Zur gleichen Zeit fällt mir auf, dass ich auch für Luis eine Art lebende Uhr darstelle. Jeden Abend, nachdem er ins Bett gegangen ist und noch eine Weile liest, schaue ich bei ihm herein und sage: »Luis, zwanzig vor acht. In fünf Minuten musst du das Licht ausmachen.« Oder: »Jetzt ist es Viertel vor acht, Licht aus, bitte.« Oder: »Es ist jetzt fünf Minuten her, dass es Viertel vor acht war, warum ist das Licht noch nicht aus?«

Am Morgen darauf ist alles ganz ähnlich: »Es ist zehn vor sieben, du musst aufstehen.« Oder: »Es ist sieben, wenn du nicht endlich aufstehst, kommst du zu spät zur Schule.« Oder: »Luis, es ist jetzt Viertel vor acht, und du hast noch nicht die Zähne geputzt.«

Dann ist da noch Paola, die sagt: »Bitte erinnere mich um acht Uhr daran, dass ich meine Mutter anrufen muss.«

»Aber du könntest selbst ...«

»Bitte!«

Ich bin eine wandelnde Zeitansage. Und es wird schlimmer. Morgens wache ich vor meinem Wecker auf, stelle ihn ab, bevor er klingelt, erhebe mich. Am Schreibtisch sitzend, schwanke ich langsam hin und her wie das Pendel einer Uhr. Wenn ich leise bin, den Atem anhalte, höre ich in mir leises Ticken. Ich erwische mich dabei, wie meine Arme bisweilen plötzlich die Stellung von Uhrzeigern annehmen und die gerade aktuelle Zeit anzeigen.

»Ich bin eine Uhr«, sage ich zu Paola. »Eure Uhr.«

»Du bist keine Uhr«, sagt sie sanft. »Du bist nur ein bisschen zwanghaft.«

Gerade rief der Uhrmacher an. Meine Uhr sei repariert. Es tue ihm leid, dass es so lange gedauert habe.

»Aber ich brauche sie nicht mehr«, sagte ich.

»Sie ist so schön«, sagte er. »Fünfzig Jahre alt. Und geht wieder ganz genau.«

»Ich bin selbst fast fünfzig. Und ich gehe auch sehr genau. Verkaufen Sie meine Uhr.«

»Sind Sie verrückt?«

»Ich bin nicht verrückt«, sagte ich. »Ich bin eine Uhr.«

Dir fällt also nichts an mir auf...?

◆

FÄLLT DIR EIGENTLICH GAR NICHTS AN MIR AUF?«, fragt Paola.

Das sind so Fragen. Sie kommen aus dem Nichts, aber an der Art, wie sie beantwortet werden, kann sich viel entscheiden. Kann sein, dass einer solchen Frage eine sehr große und ganz und gar grundsätzliche Beziehungsdebatte folgt, wie in Spielbergs *Jurassic Parc* das dumpfe Wummern des Erdbodens und das Kräuseln der Wasseroberfläche im Glas das Nahen eines Sauriers ankündigt.

»Hast du eine Gasmaske auf?«, frage ich. Es ist der blödeste und älteste Scherz, der mir einfällt, aber es ist ein Scherz. Wenn sie jetzt sagt: »Hahaha!« oder: »Was soll das Gewitzele?«, kann ich gleich einpacken. Wenn sie lächelnd antwortet: »Nein, mein Lieber«, wird vielleicht noch alles gut.

Sie sagt: »Nein, mein Lieber, Gewitzele wird dich nicht retten.«

Ich mustere sie. Ihre meergrünen Augen. Ihre schwarzen Locken. Ihr maliziöses Lächeln. Typen wie ich brauchen ja ab und zu einen Peitschenhieb, um aus ihren Grübeleien und ihrer Selbstbeschäftigung geweckt und an die Existenz einer äußeren Welt und deren ganze Herrlichkeit erinnert zu werden. Was ist anders an ihr als gestern? Für einen Moment stelle ich mir vor, sie trüge zum Beispiel solche Haftschalen, die Augenfarben verändern – und ich hätte es tagelang nicht bemerkt. Wäre das möglich? Könnte es passieren, dass ich so…?

Nein, das ist es nicht. Beim Friseur war sie auch nicht. Und ihr Kleid kenne ich. Ist es was mit Schmuck? Die Kette und den Anhänger daran habe ich ihr selbst geschenkt. Die Schuhe, Mann, die Schuhe!

Nein, auch nicht

Sie lächelt.

»Es tut mir leid«, sage ich.

»Dir fällt also nichts an mir auf…?«

»Also … nein.«

»Gar nichts.«

»Ich … na, nun, nein, was ist es denn?«

»Keine Veränderung?«

Das gibt's doch nicht, denke ich. Die Sache wird immer größer und größer … Vielleicht bin ich verrückt. Hatte sie wirklich dunkle Haare? Locken? Oder bin ich seit eh und je mit einer Blonden verheiratet und habe es vergessen?

»Vergiss es!«, sagt sie. »Vielleicht fällt es dir irgendwann auf.«

Ein guter Trick. Er wird meine Aufmerksamkeit für sie nun für Tage schärfen. Ich werde sie nicht mehr aus den Augen lassen. Die Sache interessiert mich jetzt.

Nichts fällt mir in der folgenden Woche auf. Nichts Verändertes. Was hat sie nur gemeint?

»Jetzt kannst du es mir doch sagen«, sage ich nach drei Wochen. »So kommen wir ja nicht weiter. Ich komme von selbst nicht drauf.«

Sie zeigt mir ihre linke Hand. Den Ehering. Daneben den kleinen Brillantring, den ich ihr geschenkt habe, als ich ihr einen Heiratsantrag machte. Davor – was ist das davor? Ein kleiner Vorsteckring mit winzigen funkelnden Steinen.

»Habe ich mir selbst gekauft«, sagt sie. »Hat mir so gut gefallen. Wollte ich schon immer mal haben.«

»Ha – urrr…«, mache ich.

»Mir könnte ein anderer Mann Schmuck schenken, und du würdest es nicht merken«, sagt sie, wirft den Kopf zurück, lässt ihre Locken fliegen, lacht, ich sehe, was ich immer gesehen habe: die kleine Lachfalte über ihrem Mundwinkel, die Handbewegung, mit der sie ihre Mähne bändigt.

Wie wir miteinander reden (1):
Ööööh

◆

PAOLA LAS EIN BUCH mit Geschichten von Raymond Carver, da blickte sie auf und sagte, hier, in dieser Story, die sie gerade lese, komme ein Paar vor, das für sein Zusammenleben unter anderem folgende Regel aufgestellt habe: Alle halbe Jahr darf sich jeder vom jeweils anderen etwas wünschen, und der andere muss diesen Wunsch erfüllen.

»Hmmmm«, machte ich.

»Darf ich mir gleich mal was wünschen?«, sagte Paola.

»Hmmmm.«

»Ööööh«, machte Paola, steckte die Zunge zwischen die Lippen und machte ein extrablödes Gesicht. »Typisch, ich rede über unsere Beziehung, du machst ›Ööööh‹.«

»Ich habe nicht ›Ööööh‹ gemacht, ich habe lediglich ›Hmmmm‹ gemacht«, sagte ich.

»Du hast ›Ööööh‹ gemacht.«

»Das müsste ich wissen, oder?, wenn ich ›Ööööh‹ gemacht hätte. Ich habe ›Hmmmm‹ gemacht, weil ich eben manchmal ›Hmmmm‹ mache, wenn ich nachdenke. ›Ööööh‹ mache ich überhaupt nie.«

»Darf ich mir jetzt etwas wünschen oder nicht?«

»Ja, aber muss ich den Wunsch dann auch erfüllen?«

»Das ist die Bedingung.«

»Hmmmm.«

Sie sah mich an und wartete.

»Was würdest du dir wünschen?«, erkundigte ich mich.

»Dass du nicht mehr ›lediglich‹ sagst. Du darfst nie mehr ›lediglich‹ sagen.«

»Ich bin Schriftsteller. Du kannst mir nicht Wörter verbieten ...«

»Außerdem sagst du ›lediglich‹ immer in einem bestimmten Tonfall.«

»Wann sage ich schon mal ›lediglich‹? Ich benutze das Wort nie.«

»Gerade vorhin hast du es benutzt. Du hast gesagt: *Ich habe nicht ›Ööööh‹ gemacht, ich habe lediglich ›Hmmmm‹ gemacht.* Wie das klingt! Ich mag es nicht.«

»Das habe ich so nicht gesagt.«

»Doch.«

»Nein. Habe ich nicht. Manchmal würde ich am liebsten unsere Gespräche durch einen Stenografen protokollieren lassen oder mit einem Tonband aufzeichnen.«

Paola (tritt zur Seite, aus der Szene heraus und zischt):

»Jetzt reicht es mir aber, lies deinen eigenen Text nach, du hast es doch selbst geschrieben, du Narr!«

Ich (trete ebenfalls aus der Szene heraus, nehme den bis hierher geschriebenen Manuskript-Text und lese ihn nach, dann leise): »Tatsächlich, du hast recht, ich hatte ›lediglich‹ geschrieben und also auch gesagt…« (Beide treten wieder in die Szene hinein und machen weiter.)

»Lediglich‹ klingt so kindisch. Als ob du mit dem Fuß aufstampfst. Unsouverän. Unmännlich«, sagte Paola.

»Darf ich mir auch was wünschen?«, sagte ich.

»Natürlich. Was?«

»Dass du nicht mehr so viel über das Wetter redest.«

»Aber das Wetter war entsetzlich in letzter Zeit.«

»Es ändert sich bloß nicht, wenn man dauernd drüber redet. Es ärgert einen nur noch mehr.«

»Aber ich kann das nicht verdrängen, schlechtes Wetter belastet mich zu sehr.«

»Du sollst es ja auch nicht verdrängen, du sollst bloß nicht mehr so viel drüber sprechen.«

»Ich würde so gern in Italien leben.«

»Darf man die Wünsche des anderen überhaupt kommentieren, oder hat man sie lediglich widerspruchslos zu erfüllen?«, fragte ich.

»Ich weiß es nicht«, sagte sie.

»Ich habe gerade ›lediglich‹ gesagt«, sagte ich. »Du hast es gar nicht bemerkt.«

»Ich lese jetzt weiter«, sagte sie.
»Kann ich das Buch danach haben?«
»Hmmmm.«

Wie wir miteinander reden (2):
Die Bitte

◆

WAHRSCHEINLICH GIBT ES DICKE BÜCHER über Probleme der Kommunikation in langjährigen Beziehungen. Wahrscheinlich sollte ich sie lesen. Wahrscheinlich könnte ich selbst so ein Buch schreiben. Wahrscheinlich habe ich dazu aber keine Lust. Deshalb erst mal eine Geschichte.

Es war früher Abend. Ich hatte im Wohnzimmer eine Zeitschrift gelesen. Als ich fertig war, ging ich in die Küche. Paola hantierte herum. Ich sagte: »In dieser Zeitschrift hier haben sie einen witzigen Kolumnisten, er schreibt über nichts anderes als über Leute aus dieser Mode-, Star-, Produkt- und Konsumwelt, immer nur eine Seite, aber auf ganz besonders intelligente und ...«

»Und das findest du witzig?«, fragte Paola.

»Ich habe noch gar nicht gesagt, was ich sagen wollte«, sagte ich. »Ich habe doch nicht zu Ende gesprochen ...«

»Ach so«, sagte Paola und wischte die Arbeitsplatte der Küche.

»Das war klar erkenntlich, dass ich nicht zu Ende gesprochen hatte«, sagte ich.

Paola wischte weiter.

»Scheint dich sehr zu interessieren, was ich erzählen wollte«, sagte ich.

»Du erzählst es mir ja nicht.« Sie drehte den Wasserhahn auf und säuberte den Wischlappen am Spülbecken.

»Eine Bitte«, sagte ich. »Darf ich eine Bitte äußern?«

»Natürlich, Süßer«, sagte sie.

»Wenn ich dir was erzählen will, hätte ich gerne, dass du mich nicht immer nach zwei Sätzen mit einer Frage unterbrichst. Das ist eine Angewohnheit von dir.«

»Darf ich auch eine Bitte …?«, fragte Paola.

»Klar.«

»Ich hätte gerne, dass du nie mehr ›immer‹ sagst und nie mehr ›nie‹. Das sagst du nämlich immer. Immer wenn du etwas an mir kritisierst, sagst du, ich täte es ›immer‹ oder ›nie‹. Und das ist in Zukunft verboten, für immer.«

»Du sagst selbst immer ›immer‹«, sagte ich. »Sogar jetzt, wenn du zu mir sagst, ich solle nie ›immer‹ sagen, sagst du, ich würde immer ›immer‹ sagen«, sagte ich.

Ich drehte mich um, öffnete den großen Schrank, der bei uns in der Küche steht, und nahm mir ein Weinglas. Hinter mir polterte etwas zu Boden.

»Was machst du denn wieder?«, sagte ich mit erhobener Stimme und drehte mich um.

Paola hatte den kleinen Hängeschrank über der Spüle geöffnet. Dabei war eine Plastikschüssel herausgefallen.

»Was soll das heißen: ›Was machst du denn wieder?‹«, sagte sie frostig. »Gar nichts mache ich wieder. Die Plastikschüssel ist herausgefallen, die du vorhin in den Hängeschrank gestopft hast, obwohl kein Platz mehr war.«

Sie suchte Platz für die Plastikschüssel.

»Du hattest mir versprochen, nie wieder ›Was machst du denn wieder?‹ zu sagen. Schon gar nicht in dem Ton.«

»Kann mich gar nicht erinnern«, sagte ich, drehte mich um und verließ die Küche.

»Was machst du denn?«, rief sie.

»Ich fange von vorne an«, sagte ich, kehrte zurück und sagte: »In dieser Zeitschrift hier haben sie einen witzigen Kolumnisten, er schreibt über nichts anderes als über Leute aus dieser Mode-, Star-, Produkt- und Konsumwelt, immer nur eine Seite, aber auf ganz besonders intelligente und…«

»Luis, ich habe dir gesagt, du sollst keine Süßigkeiten mehr essen!«, rief Paola.

Luis stand hinter mir und aß Weingummi. Murrend steckte er die Tüte in die Tasche.

Ich legte die Zeitschrift in den Altpapierkorb.

»Entschuldige, Schatz«, sagte Paola zu mir.

»Macht nichts«, sagte ich. »Ich versuch's nächste Woche wieder. Die Zeitschrift erscheint wöchentlich, der Kolumnist schreibt in jeder Ausgabe und ...«

»Luis, du musst jetzt wirklich ins Bett!«, sagte Paola.

Sie ging an mir vorbei und schob Luis in sein Zimmer, um ihm vorzulesen.

Ich goss Wein ins Glas und wanderte ins Wohnzimmer.

Wie wir miteinander reden (3):
Die Hunnen

◆

EINE MEINER LIEBLINGSBESCHÄFTIGUNGEN HEISST: »Vom Hundertsten ins Tausendste kommen«. Jeden Tag kommen wir bei uns daheim mindestens ein, zwei Mal vom Hundertsten ins Tausendste, unter dem geht es nicht, es wäre sonst kein schöner Tag gewesen.

Wobei eine Regel für dieses Spiel sehr wichtig ist: Man kann überall anfangen, bei jedem beliebigen Thema. Aber ankommen muss man immer in einem wenigstens kleinen Streit, jedenfalls wenn Paola und ich »Vom Hundertsten ins Tausendste« spielen. Noch schöner wäre natürlich eine richtig fulminante Ehekrise, aber das schafft man nicht immer, selbst als gut Trainierter nicht.

Ich erzähle ein Beispiel.

Paola und ich hatten gleichzeitig die Grippe, also einen grippalen Infekt meine ich, man muss da heutzutage sauber unterscheiden. Unser Gespräch fing an, während wir beide müde auf dem Sofa lagen und uns ein bisschen leidtaten, jeder sich selbst vor allem. Und »das Hundertste«, der Start also, war ebendiese Grippe.

»Dass einen das so niederschmettern kann, so ein winziger Virus!«, sagte ich. »Es ist immer wieder erstaunlich.«

»Was heißt winziger Virus?«, sagte Paola. »Ich fühle mich, als ob wilde Heere durch meinen Körper zögen und dort schlimmste Verheerungen anrichteten.«

»Es ist wie ein Hunnenüberfall«, sagte ich. »Sinnlos, maßlos, zerstörerisch.«

»Übrigens heißt es *das* Virus«, sagte Paola.

»Aber nur in der Fachsprache«, sagte ich. »Laien dürfen auch *der* Virus sagen. Das hier ist ja nun alles andere als ein Fachgespräch.«

»Das kann jeder sagen. Wo ist der Rechtschreib-Duden?«

»In meinem Büro.«

»Du sollst nicht immer alle Bücher in deinem Büro verstecken, hier werden sie auch gebraucht.«

»Woher kamen die Hunnen eigentlich genau?«

»Waren das nicht Mongolen?«

»Ja, Mongolei, Mongolei … Ist das heute eigentlich ein eigener Staat?«

»Die Mongolei ein eigener Staat? Soll das ein Witz sein? Davon müsste man doch mal gehört haben.«

»Doch, ich bin sicher. Es gibt eine Innere und eine Äußere Mongolei, und eins von beiden ist ein eigener Staat. Wenn man das jetzt nachgucken könnte …«

»Du hast ja auch diese Lexika alle im Büro.«

»Weil ich sie dort brauche. Neulich wurde von irgendeiner Zeitung mal günstig ein zwanzigbändiges Konversationslexikon angeboten. Ich wollte es kaufen, und du hast mir das verboten, aber jetzt wäre es schön, wir hätten es.«

»Das ist doch Quatsch, ich verbiete dir nichts.«

»Jedenfalls wolltest du es nicht, aber Luis will ja jetzt auch immer mehr wissen, und das könnte man immer gleich nachgucken.«

»Kann man auch im Internet.«

»Internet haben wir auch nicht in der Wohnung, es ist nämlich kaputt.«

»Könnte man sich mal drum kümmern, dass es repariert wird!«

»Ja, aber wer soll sich kümmern? Man, Jemand oder Einer?«

»Hast du eigentlich jetzt die Bahnfahrkarten für nächstes Wochenende endlich bestellt?«

»Hmmmm …«

»Das gibt's doch nicht, wie oft …?«

Sehen Sie, so geht das. Beim nächsten Mal versuchen wir Folgendes: Wie komme ich von einem Jucken in meinem linken Ohr zum Willy-Forst-Film *Bel Ami* und weiter zur Frage, wer den Müll runterträgt.

Oder etwas Ähnliches in der Art.

Wie wir miteinander reden (4):
Die Christbaumkugel

◆

NUN HABEN WIR AUGUST. Weihnachten ist schon eine Weile her.

Auf der Kommode im Flur liegt immer noch eine riesige lilafarbene Christbaumkugel. Paola hatte sie zur Weihnachtszeit über dem Spiegel im Flur aufgehängt, das sah sehr schön aus und war ziemlich praktisch. Der Spiegel ist gleich gegenüber der Wohnungstür, und wenn man vor Weihnachten hereinkam, sah man als Erstes diese riesige Christbaumkugel und wusste sofort: Aha, jetzt ist also Weihnachtszeit. Nur, falls man es vergessen hatte.

Nach Weihnachten wurde die Kugel abgehängt und fürs Erste auf die Kommode gelegt, damit sie in den Keller gebracht werden konnte. Aber sie ist immer noch dort. Und es ist keine Weihnachtszeit, beim besten Willen nicht.

»Man müsste die Christbaumkugel in den Keller bringen«, sagt Paola ab und zu.

»Jemand könnte mal die Christbaumkugel hier weg tun, in den Keller vielleicht«, sage ich dann und wann.

Manchmal kommt es mir so vor, als ob in unserer Wohnung noch drei andere Personen lebten, außer Paola, Luis, mir und Bosch, meinem sehr alten Kühlschrank und Freund. Diese drei anderen Personen sind: Herr Man, Frau Jemand und Fräulein Einer. Um die Wahrheit über diese drei zu sagen: Sie sind stinkfaul. Sie beteiligen sich in keiner Weise am Gemeinschaftsleben. Sie tun überhaupt nichts.

Ich sage: »Man müsste mal die Blumen auf dem Balkon gießen.« Aber Man tut es nicht.

Paola sagt: »Jemand müsste mal deinen Tennisschläger beiseiteräumen.« Aber Jemand ist nirgendwo in Sicht.

Ich sage: »Einer müsste unbedingt das Altglas wegbringen.« Aber das Altglas bleibt da, nichts zu sehen von Einer.

Der Fall der Christbaumkugel ist besonders schwierig. Es war, glaube ich, Anfang März, als Paola ihretwegen einen Wutanfall bekam. Sie schrie, diese Christbaumkugel müsse hier endlich weggeräumt werden, wenn sie nicht bald hier weggeräumt werde, dann werde sie das Ding aus dem Fenster werfen, sie könne es nicht mehr sehen.

Man beachte nun hier die Formel »muss hier endlich weggeräumt werden«. Es handelt sich um das sogenannte Partnerschafts-Passiv, eine in Beziehungen sehr alltägliche Art zu sprechen, wenn es um Dinge geht, die unbedingt getan werden müssen, die man selbst aber um keinen Preis der Welt tun möchte.

Es gibt ja so gewisse Dinge, die man einfach überhaupt nicht gerne tut, bei jedem ist es etwas anderes: Ich persönlich hasse das Bohren von Löchern (zum Bilderaufhängen oder Regalbefestigen) wie nichts auf der Welt. Paola verachtet das Blumengießen, als wäre es der Abschaum unter den Tätigkeiten. Wenn nun Löcher gebohrt oder Blumen gegossen werden müssen, man selbst es aber einerseits nicht tun möchte, andererseits aber auch aus internen Gründen nicht direkt den Partner dazu auffordern will (»Kannst du nicht hier endlich mal…?!«) – dann also verwendet man das Partnerschafts-Passiv. Es macht auf das Problem aufmerksam, provoziert nicht unbedingt Streit und lässt für die Lösung Spielräume, zum Beispiel die sanfte Antwort: »Wie wäre es, du würdest es tun…?«

Mit der Christbaumkugel war es nun so, dass sich eines Tages mehrere Gegenstände angesammelt hatten, die in den Keller gebracht werden mussten, darunter eine Reisetasche. Ich packte ungefähr im April in einem Anfall von Entschlusskraft alles in die Reisetasche, trug sie in den Keller und stellte die Tasche dort ab, samt Kugel.

Ein paar Wochen später musste Paola über das Wochenende verreisen. Sie holte sich aus dem Keller die

Reisetasche und bemerkte erst in der Wohnung, dass die Christbaumkugel noch drin war.

»Die Reisetasche hätte im Keller ausgepackt werden müssen«, sagte Paola und legte die Christbaumkugel wieder auf die Kommode im Flur, wo sie sich, wie gesagt, immer noch befindet.

Wir haben ja nun schon August. Eigentlich lohnt es sich gar nicht mehr, die Kugel noch in den Keller zu bringen. Für die paar Monate. Weihnachten müsste sie ja doch nur wieder nach oben gebracht werden. Oder Jemand müsste sie holen. Oder Einer. Oder Man.

Wie wir miteinander reden (5): Anderemänner

◆

JETZT MAL ZU EINEM WORT, das mir lange Zeit sehr auf die Nerven ging: Anderemänner.

Anderemänner, es reichte mir ganz schön mit Anderemänner. Wenn ich es nur hörte, Anderemänner, ich konnte in die nächste Wirtschaft rennen und mich volllaufen lassen wie ein Fass, so zuwider war es mir. Anderemänner.

Anderemänner sind die, die es anders machen als ich. Besser in jedem Fall. Anderemänner lassen ihrer Frau ein duftendes Bad ein, wenn sie gestresst ist. Massieren ungefragt, aber immer im richtigen Moment ihre Kopfhaut. Sie kochen einen Tee, wenn ihre Frau noch nicht einmal gedacht hat, dass sie einen Tee wünschen könnte, aber es gleich denken wird – dann steht der Anderemänner-Tee schon da. Anderemänner sind von großer emotionaler Präsenz, und wenn sie es gerade einmal nicht sind, können sie mit sanfter Stimme begründen, warum nicht. Anderemänner kommen auf Gedanken, die mir nicht kommen, jedenfalls nicht im richtigen Moment. Anderemänner sind der Wahnsinn, die ganze Welt scheint voll von ihnen zu sein, sie schlafen nie, ihre Energie ist unerschöpflich, und falls sie doch erschöpflich ist, lassen sie es sich nicht anmerken, oder sie weisen zum rechten Zeitpunkt (wenn es also einer Frau gerade überhaupt nichts ausmacht) auf diese momentane und bald vorübergehende Erschöpflichkeit hin.

Manchmal sind Anderemänner bei uns zu Besuch. Freund D. zum Beispiel kam mit seiner jungen Frau zum Kaffeetrinken vorbei, ihren winzigen Sohn hatten sie im Tragekörbchen bei sich, und wenn der winzige Sohn einmal auch nur winzig wenig wimmerte, stand D. sofort auf, um die noch gar nicht geäußerten und vielfach auch gar nicht äußerbaren Wünsche des Kleinen zu erfüllen. Ein Fläschchen. Ein Nuckinucki. Ein Windelchen. Ein Streichelchen.

Und wenn D. sich dann wieder setzte, ging er an seiner Frau vorbei und strich ihr mit zärtlicher Gebärde über den Kopf. Und ich wusste schon, was kommen würde, ich betrachtete D. mit flackerndem Blick, aber er machte einfach weiter.

Kaum waren sie gegangen, rief Paola: »Hast du gesehen, wie er ihr immer über die Haare strich! Ach, wenn du doch nur einmal...«

Jahrzehntelang kannte ich nur einen Wunsch: einmal

wie Anderemänner sein. Und neulich erfüllte es sich, dieses Sehnen.

Da waren wir mit Paul und seiner Frau Anna zum Abendessen verabredet, in einem Restaurant. Anna und Paul haben ein Kind, das ist anderthalb Jahre alt, und wir haben auch so ein Kind, das anderthalb ist, Sophie heißt es. Aber für diesen Abend hatten wir Babysitter engagiert, Anna und Paul einen und Paola und ich auch einen. So konnten wir eben im Restaurant sitzen und uns in aller Ruhe gegenseitig von großen Müdigkeiten berichten, den verschiedenen Müdigkeitsformen und -stufen von Eltern, die jede Nacht aufstehen müssen, um Fläschchen zu bereiten oder sonst wie nett zu sein zu ihrem Baby.

Und plötzlich sagte Paola, seit einer Weile, seit sie nämlich zu müde geworden sei vom nächtlichen Aufstehen und stundenlang schon gar nicht mehr einschlafen könne, wenn sie einmal nachts aufgestanden sei, seitdem also stünde ich (ihr Mann nämlich) nachts auf, um Fläschlein zu geben und Windilein zu wechseln und Dutzidutzi zu machen. Und sogar erhöbe ich mich um halb sieben schon wieder, um dem Luis sein Frühstück zu machen und dann ins Büro zu gehen – nur damit sie einige Monate lang mal wieder normal schlafen könne. Das sagte sie in die Gesichter Annas und Pauls hinein.

Und ich sah Interesse in den Augen Annas, und in

denen ihres Mannes erblickte ich etwas wie, nun ja, war es Angst? War es Hass?

Jedenfalls wusste ich: In diesem Moment war ich Anderemänner für ihn und würde es noch eine Weile bleiben, und, wie soll ich sagen: Es war ganz schön, Freunde, es war ganz okay.

Wer sind Sie?

◆

BRUNO, MEIN ALTER FREUND, erzählt, seine Frau habe sich neulich im Schlaf neben ihm aufgerichtet, ihn angestarrt und laut gefragt: »Wer sind Sie?«

»Was für eine Frage!«, sage ich. »Wer sind Sie? Das kann ich für mich zum Beispiel kaum tagsüber beantworten, geschweige denn in der Nacht.«

»Schon, schon«, sagt Bruno nachdenklich. Er habe es aber verletzend gefunden, dass seine Frau ihn siezte. Nach so vielen Jahren.

Übrigens steht, wenn mein Mobiltelefon klingelt, auf dem Display meistens eine Nummer, manchmal sogar ein Name. Gelegentlich steht dort aber auch: »Unbekannter Anrufer«. Wobei »gelegentlich« eigentlich falsch ist, denn genau genommen ruft mich nur eine einzige Person an, die mit den Worten »Unbekannter Anrufer« angekündigt wird: Paola, meine Frau. Und zwar egal, von wo sie mich anruft.

Paola ist in meinem Telefonverzeichnis mit drei Nummern eingetragen, nämlich mit »Paola Handy«, »Paola Büro« und »Zuhause«. Aber egal, von welcher dieser drei Nummern sie mich anruft, ich lese immer »Unbekannter Anrufer«.

Das ist seltsam, das ist unheimlich: dass ich *weiß*, wenn auf meinem Display »Unbekannter Anrufer« steht: Meine Frau ist dran. Ich weiß nicht, warum es so ist, irgendwo gibt es sicher einen Knopf, mit dem man das ändern könnte, aber ich kenne ihn nicht, und Paola will ihn anscheinend nicht kennen, egal. Es ist ja ohnehin so, wenn man lange verheiratet ist, dass es keine überraschenden Anrufe des Partners mehr gibt. Man ahnt in der Regel: Sie ist es. Man spürt schon fünf Minuten vorher: Sie wird anrufen.

Ich muss an ein Interview denken, das ich vor einer Weile mal in einer Zeitschrift gelesen hatte, ein seltsamer Text, in dem sich ein Chefredakteur über sein Verhältnis zu Frauen äußerte und dabei einen griechischen Frauenarzt zitierte, der ihm gesagt habe, »Frauen« funktionierten 50 Prozent der Zeit »absolut normal – und 50 Prozent der Zeit sind sie ein absolutes Mysterium«. Dieser Frauenarzt, sagte der Chefredakteur, sei 67 Jahre alt, Hochschuldozent, habe »Tausende von Patientinnen gehabt«. Mit anderen Worten: Er müsse es wissen. Beziehungsweise eben nicht wissen.

»Was für ein Quatsch!«, sagte Paola, als sie das Interview las. »Es ist der typische Quatsch von Männern, die zu faul oder zu unfähig oder zu oberflächlich sind, über Frauen tatsächlich nachzudenken. Und die damit auch noch bei Frauen ankommen, die es irgendwie toll finden, für ein Mysterium gehalten zu werden – obwohl schon mal nichts leichter erklärlich ist als ihr Wunsch, für einen Mann ein Mysterium zu sein.«

»Ja«, sagte ich und fand, dass sie komplett recht hatte, stellte mir aber trotzdem kurz vor, wie es wäre, wenn auf meinem Display leuchtete: »Mysterium ruft an.«

Früher, liebe Kinder, war ja jeder Anruf erst einmal ein Mysterium. Erst wenn man den Hörer abgehoben hatte, wusste man, wer überhaupt anrief. Heute liest man vorher eine Nummer. Hat eine Ahnung. Weiß es sogar genau. Alles scheint auf die größtmögliche Reduktion von überraschenden Kontakten hinauszulaufen. Die meisten Menschen empfinden heute einen nicht telefonisch angekündigten Besuch mindestens als Störung, wenn nicht als eine Art Hausfriedensbruch. Und nun wird auch die telefonische Ankündigung eines solchen Besuches ihrerseits annonciert, auf dem Display. Der moderne Mensch liebt die Überraschung nicht, sie ist ihm im Innersten zuwider, er fürchtet sie.

Aber noch mal zu Paola. Seit die kleine Sophie auf der Welt ist, verbringt Paola fast den ganzen Tag zu Hause, auf dem Spielplatz, im Schwimmbad – jedenfalls: mit

Sophie. Und ich? Verbringe den Tag im Büro. Wenn ich abends seufzend heimkomme, weil ich den Tag über vergebens auf Ideen gewartet habe, dann sagt Paola: »Ach, könnte ich doch auch mal wieder im Büro sitzen ...«

Und ich sage: »Du scheinst dir das irgendwie erholsam vorzustellen, aber es ist ... ach!«

Und Paola sagt: »Räum doch mal bitte, bitte die Geschirrspülmaschine aus und geh noch mit Sophie auf den Spielplatz.«

Und ich sage: »Kann man nach der Arbeit nicht mal ...«

Und Paola sagt: »Du scheinst dir das hier zu Hause den ganzen Tag irgendwie erholsam vorzustellen, aber es ist ... ach!«

Unter uns: Ich warte auf den Tag, an dem, wenn Paola anruft, auf meinem Display aufleuchtet: »Unverstandene Anruferin«. Und an dem Paola, wenn sie meine Nummer gewählt hat, auf ihrem Telefon liest: »Unverstandener Angerufener«.

Oder wie wäre es, wenn auf dem Apparat die einfache, kleine, aber doch auch irgendwie sehr, sehr große Frage stünde: »Wer bin ich?«

Wenn wir im selben Boot sitzen

◆

JAHR FÜR JAHR führt mich meine Abenteuerlust nach Italien, wo wir ein rotes Schlauchboot besitzen, das hinten einen Motor hat. Mit diesem Boot befahren wir das große Meer.

Paola packt einen Picknickkorb, dazu kommen Wasserski, Handtücher, Schnorchelzubehör und was man sonst braucht. Wir fahren hinaus in die Bucht, die vor uns liegt, suchen Strände auf, fahren zu einem Felsen, an dem man seltsame Fische beobachten kann, schwimmen weit draußen im wie stets unergründlichen Blau des Mittelmeers oder fahren Ski auf dem Meeresspiegel.

Wobei ich persönlich am Schnorcheln nicht oft beteiligt bin. Ich liebe es nicht, unter Wasser zu sein, es ist mir unheimlich, weshalb ich auch nicht mitten in der Bucht schwimme, wenn die anderen dort schwimmen, das Blau ist mir zu tief, mir ist beim Baden das Ergründliche lieber. Und Wasserski fahren tue ich mit dem Boot auch nicht, es ist zu klein für mich, und ich bin zu schwer, das Boot zieht mich nicht aus dem Wasser, nur mein Kopf schaut gurgelnd aus den Wellen, es fehlen fünf, sechs PS, mich hinauszuzerren an die frische Luft.

Mit anderen Worten: Wenn wir Boot fahren, befinde ich mich immer im Boot, während Paola und Luis sich den Freuden des Mittelmeerlebens hingeben. Ich trage die Verantwortung und behalte den Überblick. Ich beobachte Luis, wenn er taucht, ich suche ihn im Wasserblau, wenn er vom Boot aus kopfüber hineingesprungen ist, ich atme Abgasgeruch, während einer der beiden Wasserski fährt.

Ich bin der Kapitän. Der Kapitän geht nicht vom Boot. Der Kapitän liegt im Boot, betrachtet den Motor, streicht mit der Hand prüfend über das pralle Rot des Bootskörpers, schaut in den Himmel, isst ein Sandwich. Der Kapitän hat alles im Griff. Das Seltsame ist nur, dass Paola, meine Frau, daran nicht glaubt. Sie sieht nicht das Kapitänhafte meines Wesens. Und so fuhren wir eines späten Nachmittags übers Meer heim zu dem Strand, an dem unser Boot nächtens liegt. Es war windig geworden, Wolken erschienen am Himmel, die eine oder andere Welle bekam Schaumkronen. Auf dem Wasser: kaum noch Boote. Paola mahnte zur Eile.

»Nicht schlimm«, sagte ich. »Hauptsache, Benzin reicht.«

»Waaaaas?! Wir haben nicht mehr genug Benzin?!«

»Bis zum Strand reicht es locker.«

Da ging der Motor aus. Wir befanden uns mitten in einer Bay, einen Kilometer von jedem Strand entfernt.

»Da haben wir's!«, rief Paola.

»Nein, es ist nur …«, sagte ich. Aber Paola stand schon aufrecht im Boot und schwenkte beide Arme.

»Was ist, Mama?«, fragte Luis.

»Ich hole Hilfe! Wir haben kein Benzin!«

»Nein, nein, das ist es nicht!«, rief ich und machte mir am Motor zu schaffen.

»Ich hab's gleich gesagt!«, rief Paola. »Wie kann man mit zu wenig Benzin um die Zeit noch herumfahren!«

Ich hatte die Ursache des Problems entdeckt. Der Schlauch zwischen Benzintank und Motor war gerissen.

»Hör endlich auf zu winken!«, sagte ich.

Ich hob den Kopf. Paola setzte sich. Ich sah, dass mehrere Boote aus allen Winkeln der Bay auf uns zufuhren. Aus meiner kleinen Werkzeugtasche holte ich ein Taschenmesser. Die Boote kamen näher.

Ich rief: »Dein blödes Gewinke! Jetzt kommen die her.«

Ich schnitt den Benzinschlauch hinter der defekten Stelle ab und stülpte ihn auf das Verbindungsstück am Motor. Als ich den Motor wieder anlassen wollte, waren zwei große weiße Motorboote neben uns. Männer mit Sonnenbrillen blickten auf uns herab.

»Es tut mir leid!«, rief Paola. »Es ist wieder in Ordnung.«

»Tutto va bene!«, rief ich in meinem verfluchten Kümmeritalienisch. »Tutto a posto!«

»Schafft er das?«, fragte eine Sonnenbrille meine Frau und zeigte dabei auf mich. Ich hätte ihm die Fresse polieren können für diesen Satz und diese Geste.

»Ich glaube ja!«, sagte Paola.

»Was heißt: ›Ich glaube ja‹«, kreischte ich. »Was kann ich dafür, dass der Schlauch reißt. So was kommt vor!«

Inzwischen waren weitere Boote eingetroffen. Ungezählte männliche Sonnenbrillen betrachteten mich, während ich den Motor startete. Er sprang nicht gleich an. Ich schwitzte.

»Sollen wir euch schleppen?«, fragte eine Sonnenbrille.

In dem Moment begann der Motor zu laufen. Ich manövrierte das Schlauchboot zwischen den anderen Booten durch, deren Inhaber alle Paola sehr gerne abgeschleppt hätten, und nahm Kurs auf den Strand. Es dämmerte.

»So ein Quatsch!«, rief ich. »Weil du gleich loswinkst!«

»Woher soll ich wissen, dass du das reparieren kannst?«, sagte Paola.

Blau macht mich so blass

◆

ICHER WOLLEN SIE WISSEN, warum ich so einen schönen auberginefarbenen Pullover anhabe, was? Na gut, ich werde es Ihnen erzählen.

Manchmal sieht man ja Männer, sitzend in Boutiquen, und sie haben traurige Augen, und sie denken an Fußball oder an das Steuersystem oder an Proschinsky, das Schwein vom Controlling, mit seinen Intrigen. Und vor ihnen geht die Frau ihrer Träume auf und ab, und sie probiert eine Bluse, und sie probiert eine Hose, und sie probiert eine Jacke, und sie probiert Schuhe, und die Männer denken »Ach ...« und blicken nach innen. Solche Männer sieht man manchmal, und neulich war ich einer von ihnen.

Es war einer von jenen Tagen, an denen Paola, meine Frau, nichts anzuziehen hat. Sie steht dann vor dem Kleiderschrank und hat nichts anzuziehen und nimmt einen Rock und tut ihn wieder weg und hat nichts anzuziehen und nimmt einen Pullover und hält ihn sich vor den Oberkörper und tut ihn wieder weg und hat nichts anzuziehen und streift ein Kleid über und streift es wieder ab und tut es wieder weg und hat nichts anzuziehen, aber auch reineweg gar nichts. Und das, was sie hat, kann sie nicht mehr sehen. Und überhaupt sei sie so hässlich. Ob ich sie noch anschauen könne, so hässlich wie sie sei?

Mich überfiel ein schlechtes Gewissen. Ich rief, dass ich ihr gerne etwas kaufen würde, etwas Schönes zum Anziehen. Wir gingen in den sehr bedeutenden Laden eines sehr bedeutenden Modeschöpfers. Das Geschäft wirkte irgendwie leer, und ich dachte, vielleicht sei dem Modeschöpfer in letzter Zeit wenig eingefallen, oder jedenfalls wenig sehr Bedeutendes, und dann dachte ich an Loriots Bemerkung, als er in einem Restaurant eines sehr bedeutenden Kochs sein Essen serviert bekam: Es sieht sehr übersichtlich aus.

Eine sehr bedeutende Verkäuferin servierte uns Kaffee, und von ganz hinten kamen doch Kleider und Röcke und Blusen und Westen und Mäntel und Schuhe zum Vorschein. Paola probierte dies und probierte jenes, nahm etwas Enges und etwas Weites und etwas Langes und etwas Kurzes und dann etwas Blaues, und dann fragte sie mich: »Wie gefällt es dir?«

Ich sagte: »Ich finde es zauberhaft.«

Sie sagte: »Unsinn, Blau macht mich so blass.«

Sie zog etwas Violettes an, fragte mich wieder, und ich

sagte, ich fände es wunderbar. Sie sagte bloß: »Mmm-mmmh-nein.« Dann nahm sie etwas Türkisfarbenes und fragte: »Und das?«

»Oh, es ist toll!«

»Immer findest du alles toll.«

»Aber es ist toll.«

»Ach.«

Dann probierte sie etwas Gelbes, und ich sagte zur Abwechslung: »Gefällt mir nicht.«

»Schade«, sagte sie, »ich mag es. Aber wenn es dir nicht gefällt...«

Die sehr bedeutende Verkäuferin servierte noch mal Kaffee.

Ich glaube, etwa zu dieser Zeit begann ich an Fußball zu denken. Ich machte mir Vorwürfe deswegen, weil ich Paola eine Freude hatte machen wollen, und nun war ich hier so wenig bei der Sache. Dann dachte ich an das Steuersystem und machte mir mehr Vorwürfe: Hier, vor dir, geht die Frau deines Lebens, dachte ich, und du wagst es, an das Steuersystem zu denken?! Als ich an Pro-schinsky, das Schwein, zu denken begann, stand Paola vor mir mit etwas Rotem.

»Es ist süß«, sagte ich.

Paola zischte: »Ja, aber es ist aberwitzig teuer.«

»Lass es uns trotzdem nehmen«, flüsterte ich verzwei-felt.

»Niemals«, sagte sie, »es ist unverschämt.«

Ich hätte es gekauft, schon weil die Verkäuferin so viel Kaffee gemacht und mich irgendwie eingeschüchtert hatte, aber Paola zog sich um und mich zum Ausgang, die Verkäuferin mit einem Berg Ware zurücklassend.

»Das können wir nicht machen«, sagte ich, »alles probieren und nichts kaufen.« Gleichzeitig machte ich mir Vorwürfe, dass ich mich von einer Verkäuferin einschüchtern ließ. Paola wirkte erfrischt.

In der Fußgängerzone kamen wir bei einem Herrenausstatter vorbei. Paola drückte mich hinein. Ich war sehr müde von all den gelben, grünen und roten Sachen und von den Selbstvorwürfen auch, probierte apathisch den auberginefarbenen Pullover an, den Sie nun an mir sehen, und kaufte ihn.

»Er ist toll«, sagte Paola.

»Aber wir wollten doch etwas für dich kaufen«, sagte ich.

»Ach was«, sagte sie, »ich brauche nichts.«

So kam ich zu dem Pullover, den ich trage. Heute Morgen stand Paola übrigens verzweifelt vor dem Schrank, und weil mich das schlechte Gewissen überfiel, wollen wir in die Stadt gehen, um etwas für sie zu kaufen. Mal sehen, was ich diesmal bekomme.

Männer und Frauen

◆

Wir sassen beim Frühstück. Paola las den Reiseteil der Zeitung, denn sie verreist gern. Ich las den Lokalteil, denn ich verreise nicht gern. Wenn wir beide beim Frühstück lesen, kommt immer der Moment, in dem Paola einen Satz mit »Hier steht…« beginnt.

»Hier steht«, sagte Paola, »die meisten Menschen glaubten, Männer hätten ein besseres Orientierungsvermögen als Frauen. Das stimme aber nicht. Frauen fänden sich in fremden Städten so gut zurecht wie Männer.«

»Mit einer Ausnahme«, sagte ich.

»Welche?«, fragte Paola.

»Du«, sagte ich.

»Du bist unverschämt«, sagte Paola. »Außerdem sind wir nie in fremden Städten. Wir fahren ja nie weg. Paul und Ingrid sind gerade in Paris. Bruno und Marion fahren nächste Woche nach New York.«

»Wir waren in Rom«, murmelte ich.

Gleich würde sie sagen, das sei lange her. Ich wusste es.

»Das ist lange her«, sagte sie. »War es nicht diese Reise, bei der du abends zu Fuß zu einem Lokal gehen wolltest, weil es gar nicht weit sei und sicher ein schöner Spaziergang dorthin? Dann mussten wir an einer Schnellstraße entlangwandern und durch einen Tunnel und im Dunkeln durch ein scheußliches Viertel, du mit dem Stadtplan voneweg, fast eine Stunde lang.«

»Aber das Lokal war es wert«, wandte ich ein.

»Hier steht«, sagte Paola, »Frauen fragten viel eher nach dem Weg als Männer, weil sie die in solchen Gesprächen entstehenden Kontakte positiv bewerteten. Männer sähen sich hingegen in der Rolle des Unterlegenen, wenn sie nach dem Weg fragten. Deshalb fragten sie nicht.«

Sie machte einen Moment Pause, dann fügte sie hinzu: »Wenn wir in Rom mal jemand nach dem Lokal gefragt hätten, hätte er uns gesagt, es sei zu weit und kein schöner Weg, und wir sollten ein Taxi nehmen. Aber Männer würden nie im Leben zugeben, dass sie sich nicht mehr auskennen.«

»Männer, Männer«, schnaubte ich. »Was für ein Gerede über Männer! Ich bin ein schüchterner Mensch und quatsche nicht gern Leute an. Was zitierst du dauernd für eine Untersuchung?«

»Hier ist ein Artikel über eine Untersuchung der Universität Tübingen: Sie heißt ›Großstadtkompetenz. Orientierungswissen und Orientierungspraxis von Frauen aus dem städtischen und dem ländlichen Raum‹.«

»Großstadtkompetenz...«, kicherte ich. »Das hast du erfunden.«

Sie reichte mir den Reiseteil. Tatsächlich: »Großstadtkompetenz.« Mit der Studie, las ich, seien Forscher widerlegt worden, die stets behauptet hätten, Frauen könnten sich in fremden Städten nicht so zurechtfinden wie Männer. Offensichtlich war mir bisher entgangen, dass sich Scharen von Wissenschaftlern mit nichts als der großen, wichtigen Frage beschäftigten, welches Geschlecht großstadtkompetenter sei.

»Und wenn wir ein Lokal betreten«, sagte Paola, »lässt du immer mich vorgehen. Und warum? Du hast Angst, dass alle Tische besetzt sein könnten. Und mich lässt du dann fragen, ob wir uns irgendwo dazusetzen könnten.«

Ich sagte: »Weil ich eben schüchtern bin. Außerdem können Frauen so was besser fragen. Wenn ein Mann fragt, hat es was Aggressives. Das sind archaische Dinge. Der Mensch ist ein Tier, und fressende Tiere zu stören ist eine heikle Angelegenheit. Sie fürchten leicht, man wolle ihnen das Futter wegnehmen.«

»Schon wieder gibst du was nicht zu«, sagte sie. »Du hast Angst, die Leute könnten dich von oben bis unten mustern und sagen: Ach, nee, Sie möchten wir hier nicht haben.«

»Nee«, sagte ich, obwohl sie recht hatte.

»Doch«, sagte Paola.

Sie wusste, dass sie recht hatte.

»Nee«, sagte ich.

»Wann fahren wir mal wieder in eine fremde Stadt?«, fragte sie.

Ich murmelte: »Bald besprechen.«

Und machte mich auf ins Büro, wohin ich den Weg leicht finde und wo am Schreibtisch stets ein Platz für mich frei ist.

Über das Suchen und Finden
von Dingen (1)

◆

TÄGLICHES PROBLEM ZWISCHEN PAOLA UND MIR: Sie verlegt dauernd irgendwelche Sachen. Beziehungsweise eben nicht »irgendwelche Sachen«. Sondern Sachen, die gerade dringend gebraucht werden. Die Brille, wenn man im Kino sitzt. Den Autoschlüssel, wenn man Auto fahren will. Den Wohnungsschlüssel, wenn man vor der Tür steht.

Meine Rolle: die des Suchenden. Des Findenden. Des Klagenden. Im Laufe unseres Zusammenlebens haben sich meine Hirnstrukturen so entwickelt, dass ich binnen Sekunden nachvollziehen kann, wo Paola ihre Brille, ihren Auto-, ihren Wohnungsschlüssel zuletzt hatte, was sie danach getan hat und wo demzufolge wahrscheinlich die Gegenstände sich befinden. Seltsame Existenzform: Ich bin ein Ergänzungswesen für Paola. Ich habe, was sie nicht hat. Ich bin ein ausgelagerter Teil ihres Hirns. Ich bin ihre Suchfunktion.

Indes: Ich hasse es. Ich wäre gern wie sie. Ich möchte

auf der Stelle alle Brillen und Schlüssel vergessen und mich mit anderen Dingen beschäftigen, wichtigeren, doch das geht nicht, 80 Prozent meines Gehirns sind auf Stand-by fürs Sofortsuchen. Der Rest denkt an Fußball.

Ich sage: »Paola, bitte, könntest du dir Folgendes merken? Man legt einen Schlüssel immer an dieselbe Stelle, dann muss man ihn nie suchen. Man legt eine Brille immer an dieselbe Stelle, dann muss man sie nie suchen.«

»Darling«, sagt sie und küsst mich. »Du gehst mir auf die Nerven. Das ist nicht wichtig.«

»Ist es doch«, sage ich.

Nun passierte aber Folgendes.

Ich musste verreisen, für zwei Tage. Das macht mich immer nervös, also zog ich morgens eine Hose an und zog sie wieder aus, weil sie mir für die Reise nicht geeignet schien. Ich zog ein Hemd an und zog es wieder aus, weil es mir für die Reise nicht geeignet schien. Ich zog Schuhe an und wieder aus.

Dann war ich so weit. Ich steckte mein Geld in die linke hintere Hosentasche, meinen Schlüssel in die linke vordere Hosentasche und das Mäppchen mit den Kredit-, EC- und Bahnkarten in die rechte hintere Hosenta... Ha!

Das Mäppchen war nicht da.

Ich begann zu suchen, überall. Zunächst in der näheren Umgebung des Platzes, an dem ich immer das Mäppchen ablege. Dann in der weiteren. Unter den Betten. In der Waschmaschine. Im Blumenkübel. Ich bildete mir ein, das Mäppchen sei von der Kommode in Luis' Schulranzen gefallen, und rief in der Schule an. Ich dachte, ich hätte es gestern an der Tankstelle liegen gelassen, und rief dort an. Ich glaubte, die kleine Sophie habe damit gespielt und es versteckt.

»Kleine Sophie!«, sagte ich. »Hast du Papas schwarzes Mäppchen gesehen, es sieht aus wie ein Mini-Buch…«

Sie rannte in ihr Zimmer und kam mit ihrem Lieblingsbuch zurück. »Buch!«, rief sie. »Lesen!«

Ich resignierte. Rief die Bank an, die Kreditkartenfirma, die Bahn. Ließ alle Karten sperren. Jemand musste sie mir gestohlen haben. Oder ich hatte sie irgendwo liegen gelassen, und dann hatte sie jemand genommen. Die Welt ist schlecht. Und ich musste zum Zug. Verreisen.

Auf dem Bahnsteig klingelte mein Handy. Paola sagte, sie habe gerade eine meiner Hosen aufgeräumt und dabei in der rechten hinteren Tasche das Mäppchen gefunden. Ob sie es mir schnell bringen solle.

»Nützt nichts mehr«, sagte ich. »Wenn die Karten gesperrt sind, sind sie gesperrt, dann bekommt man neue, das dauert Tage.«

»Versteh mich nicht falsch«, sagte Paola. »Fast freut es mich, dass dir auch mal so was passiert.«

»Jahrelang habe ich all deine Brillen und Schlüssel gesucht und gefunden – und nun sagst du das«, seufzte ich.

»Mein Lieber«, sagte sie. ›Ich habe von den zwanghaf-
ten Seiten deines Charakters profitiert. Aber es blieben
doch *zwanghafte Seiten.*«

Ich stieg in den Zug. Als der Schaffner kam, holte ich
meine Fahrkarte aus der kleinen Innentasche meiner
Aktenmappe, dem Platz, an dem ich sie immer aufbewahre. Als er sie mir zurückgab, faltete ich sie zusammen
und steckte sie in die hintere rechte Hosentasche, dorthin, wo ich sie sonst nie aufbewahre.

Über das Suchen und Finden
von Dingen (2)

◆

WAS MÄNNER WIRKLICH WOLLEN? Im Grunde, sagt mein Freund Bruno, wollten sie nur zwei Dinge. Ihre Frauen müssten ihnen, erstens, jeden Tag einmal erklären: »Du bist der Beste in deinem Beruf.« Zweitens müssten sie, ebenfalls täglich, sagen: »Du bist der Beste im Bett.«

Sehr einfach! Es kommt nun darauf an, dass eine Frau nicht beides durcheinanderbringt. Wer wäre denn zufrieden, wenn sie ihm im Bett lobend erklärte, er sei der Beste im Beruf?

Es gibt aber noch etwas: Ich will wirklich gerne wissen, warum so viele Frauen sich nicht merken können, wohin sie ihr Schlüsselbund gelegt haben? Immer wenn zum Beispiel Paola das Haus verlassen will, ruft sie, kurz bevor sie durch die Tür geht: »Wo ist eigentlich mein Schlüsselbund?« Dann sucht sie. In der Handtasche ist das Schlüsselbund nicht. Auf dem Sekretär ist das Schlüsselbund nicht. In der Schublade ist das Schlüsselbund nicht. Am Schlüsselbrett ist das Schlüsselbund nicht. Wo kann es nur sein?

So geht das jeden Tag. In mir flackert ein kleines Zornesflämmchen, während sie in sich steigernder Nervosität die Wohnung absucht.

Schlüsselbund ist nicht hier,

Schlüsselbund ist nicht dort,

Ja, ist mein Schlüsselbund denn fort?

Mein Zornesflämmchen wird zur leuchtenden Fackel. Paola sagt: »Was regst du dich eigentlich so auf?«

Ich sage: »Soll ich mich vielleicht nicht aufregen, wenn wir es eilig haben und du wieder mal dein Schlüsselbund suchen musst?!«

Paola sagt: »Ach, da ist es ja.« Hat es gefunden, klappert damit, wirft es in die Handtasche, und dann gehen wir.

Manchmal findet sie das Schlüsselbund aber auch nicht. Dann kommt die große Verzweiflung, und meine Stunde schlägt. Hat die Putzfrau das Schlüsselbund geklaut? Liegt es vielleicht noch in dem Geschäft, in dem sie vorhin eingekauft hat? Hat Luis das Schlüsselbund dem Chaos in seinem Zimmer einverleibt? Mein Zorn weicht einer großen Konzentration, mein Hirn arbeitet wie ein Computer, schnüffelnd durchstreife ich die Zimmer, ein Schlüsselbundsuchhund der Sonderklasse – und dann finde ich die Schlüssel, garantiert, innerhalb von zwei Minuten. Immer.

Ich bin einfach der Beste im Schlüsselbundsuchen. Schadet nicht, wenn man mir das täglich sagt.

Vor einiger Zeit las ich in der Zeitung die Geschichte eines Engländers, der seine Frau für unfähig hielt, ein weiches Ei zu kochen. Er legte deshalb im Testament fest, man solle seine Asche in eine Eieruhr füllen, die seiner Frau nach seinem Ableben als Haushaltshilfe diene. Ich werde letztwillig verfügen, nach der Kremation meine Überbleibsel in einen Schlüsselanhänger für Paola zu gießen.

Die Frage war: Warum ist das alles so? Braucht sie die kleine Panik, die mit dem Schlüsselverlust verbunden ist, einen Gefühlskick im dahinplätschernden Alltag? Oder will sie ein bisschen Hilflosigkeit demonstrieren? Möchte sie, dass ich etwas für sie tue? Ist der Schlüsselverlust ein unbewusstes Signal dafür, dass sie eigentlich nicht mehr in unsere Wohnung zurückwill? Oder dass sie, im Gegenteil, nur mit ihrem Mann zurück möchte, dem mächtigen Schlüsselbesitzer? Oder will sie mir, dem Schlüsselbundfinder, ein kleines Erfolgserlebnis vermitteln? Sind ihr Schlüssel einfach egal? Ist nicht der Schlüssel ein Phallussymbol? Ist deshalb Schlüsselverlust für mich ungleich wichtiger als für jede Frau, aus Kastrationsangst und großer Furcht vor Macht- und Kontrollverlust? Bin ich deshalb so wachsam, was Schlüssel angeht?

Gott, wie man sich hineingrübeln kann in so eine simple Schlüsselbundgeschichte! Was Männer wirklich wollen? Soweit es mich betrifft: Ich würde gerne meine Frau verstehen.

Und mich selbst auch.

Das dritte Geschlecht

◆

DAS IST NOCH NICHT LANGE HER, ein schöner Frühlingstag, ich saß im Garten eines Cafés. Vor mir ein See, hinter mir die Fensterscheiben des Kaffeehauses. Durch das Glas sah ich einen Flur, auf der anderen Seite des Flures drei Türen mit den Aufschriften: Herren, Damen, Privat.

Das dritte Geschlecht, dachte ich, es gibt also doch das dritte Geschlecht! Privat. Oder stand da: Primat? Nein: Privat.

Vor längerer Zeit schon hat mich die Vorstellung beschäftigt, wie es wäre, wenn es vier Geschlechter gäbe, neben Damen und Herren noch, dachte ich damals, sagen wir: Myhle und Wunsen. Hätte eine Dame die Herren satt, dachte ich damals, sie würde sich einem Myhl zuwenden. Könnte ein Herr die Damen nicht mehr ertragen, er flüchtete sich in die Arme einer Wunse. So dachte ich damals: Zwei ist doch eine schlechte Zahl, vier ist besser. Wäre nicht alles viel entspannter? Leichter? Schluss mit diesem Aufeinanderverwiesensein. Mit dieser Ausschließlichkeit.

Herren, Damen, Privat. Der, die, das. Drei ist nun aber auch eine schlechte Zahl, das weiß jeder. Einer ist immer ausgeschlossen. Einer kriegt immer nichts mehr ab. Einer weiß immer nicht Bescheid. Einer steht immer vor der Tür.

Wie konnte es mir übrigens passieren, mir, einem Mann in den besten Jahren, dass ich bis in diese besten Jahre hinein nichts erfuhr vom dritten Geschlecht? Dass mir das entging. Dass man mich so betrog.

Ein Privat. Wie sehen Privats aus? Sehen sie überhaupt aus? Oder sind sie unsichtbar? Haben sie Geschlechtsteile? Was für welche? Was kann man mit ihnen tun? Grammatik üben? Zu welcher Art von Zuneigung sind Privats fähig? Gibt es mit ihnen auch Streit oder nur nicht enden wollende Harmonie? Wie es wohl ist, wenn einem eines Morgens eröffnet wird: »Du, es gibt da noch jemand. Ein Privat. Ich kenne es schon seit drei Monaten. Es ist etwas ganz anderes als mit dir. Keine Liebe. Nichts Sexuelles. Etwas Drittes. Etwas Neutrales. Kann es nicht bei uns einziehen?«

Ich drehte meinen Stuhl im Café ein wenig, sodass ich die drei Türen im Haus beobachten konnte. Frauen, Männer, Damen, Herren kamen, gingen. Niemand öffnete die Tür mit der Aufschrift »Privat«. Ich dachte an eine

Kneipe, die ich kannte und in der auf den beiden Toilettentüren jeweils »Gott« oder »Göttin« stand. Musste man nicht hinter solchen Türen den Himmel vermuten? Und dann bloß ein Kneipenklo … Warum gab es dort keine dritte Tür? Was hätte auf ihr geschrieben stehen müssen? »Teufel«? »Privat«?

Ich stand auf, ging ins Haus. Ging an »Herren« vorbei, auch an »Damen«. Stand jetzt vor »Privat«. Guckte mich um, ob niemand guckte. Berührte leise die Klinke. Drückte sie hinunter, um zu sehen, was hinter der Tür sich verbarg. Welche Art von wie geformten Schüsseln.

Aber die Tür war verschlossen.

.

Als ich ein Held war

◆

W IR LAGEN IM BETT. Beinahe schliefen wir
schon.

»Da!«, rief Paola plötzlich. »Was ist das für'n Geräusch?«

Ich hob den Kopf und horchte. Von irgendwoher war
ein raues Sägen zu hören, als zerkleinere jemand Holz.

»Ich weiß nicht«, sagte ich.

Nach zwei Minuten war das Geräusch weg. Wir ver-
suchten zu schlafen.

»Da!«, rief Paola nach fünf Minuten und setzte sich auf.
»Wieder!«

Ich stand auf. Für die Klärung der Herkunft nächt-
licher Geräusche bin ich zuständig, leider, denn ich bin
kein mutiger Mann. Ich ging zur Küche und lauschte hinein. Bosch, mein sehr alter Kühlschrank und Freund,
brummte.

»Pssst!«, machte ich.

Er hörte auf. Das Sägen war hier nicht lauter als im

Schlafzimmer. Ich ging zur Wohnungstür. Hier hörte man es besser. Kam es von oben? Von unten? Unklar. Konnte es wahr sein, dass jemand nachts einen Schrank zersägte? Das Geräusch verschwand. Ich ging ins Schlafzimmer.

»Keine Ahnung, woher es kommt«, sagte ich.

»Da!«, rief Paola. »Wieder!«

Ich zog den Bademantel an und ging in den Hausflur. Das Sägen kam von unten. Ich ging in den Keller. Fürs Inden-Keller-Gehen bin ebenfalls ich zuständig, leider, denn ich habe ein Kellertrauma, seit ich als Kind oft in den Keller gesperrt wurde wie in einen Karzer und hinter der verschlossenen Tür meine Mutter anbettelte, sie möge mich herauslassen.

Das Sägen kam aus dem Kellerraum neben unserem. Er gehört einem älteren Ehepaar, das zwei Straßen weiter einen Kiosk betreibt. Ich klopfte an die Kellertür.

Das Geräusch hörte auf.

»Hallo?«, sagte ich.

Stille. Das Minutenlicht erlosch. Ich tastete mich zum Schalter, knipste es an, ging wieder zur Nachbarkellertür. Drückte die Klinke hinunter. Verschlossen. Ich dachte: Kann es sein, dass der Nachbar da drin einen Schrank zersägt? Dass es ihm peinlich ist, dass ich ihn gehört habe? Oder hat er seine Frau erschlagen und zersägt sie in mühevoller Kleinarbeit? Steht mit bluttriefender Gummischürze hinter der blauen Stahltür und horcht? Schwitzt vor Angst? Wird die Tür aufreißen? Auch mich erschlagen, zersägen?

Ich ging hinauf.

»Es kommt aus dem Keller des Kioskbesitzers«, sagte ich zu Paola.

Sie flüsterte: »Stell dir vor … Wenn er seine Frau umgebracht hat und sie zersägt.«

Ich sagte: »Das gibt's nicht … Dass du das Gleiche denkst wie ich.«

»Tu was!«, sagte sie. Immer sagt sie »Tu was!«, wenn sie nicht weiß, was sie tun soll. Immer soll ich was tun, obwohl ich kein mutiger Mann bin und als Kind in den Keller gesperrt wurde. Ich schaute durchs Fenster zur Nachbarwohnung. Alles dunkel.

»Soll ich den Keller aufbrechen? Die Polizei holen?«

Sie sagte: »Schau wenigstens noch mal nach!«

Ich sagte: »Wenn ich in zehn Minuten nicht wiederkomme, hol die Polizei!«

Ich ging wieder. Als ich vorsichtig um die Ecke des Kellergangs bog, sah ich die Kioskbesitzersfrau. Sie hatte einen Kopf, zwei Arme, zwei Beine und trug ein Nachthemd. Ich fuhr zusammen, als ich sie sah, und sie fuhr zusammen, als sie mich sah, und ließ beinahe den Schlüssel fallen, mit dem sie gerade ihren Kellerraum abgeschlossen hatte.

»Mein Gott!«, rief sie. »Haben Sie mich erschreckt! Haben Sie das Geräusch gehört? Unsere Tiefkühltruhe ist kaputt. Der Motor. Dass das so laut sein kann! Wie ein Sägen. Ich habe den Stecker gezogen. Wir brauchen eine neue.«

Ich sagte: »Meine Güte!« Und dachte: Ob sie ihren Mann zersägt hat? Und eingefroren?

Ich sagte: »Und Ihr Mann? Schläft schon?«

Sie sagte: »Ist im Kiosk. Wir haben doch bis Mitternacht geöffnet.«

Ich ging und legte mich ins Bett.

»Eine Tiefkühltruhe«, sagte ich zu Paola. »Kaputter Motor. Bei Kioskbesitzers. Habe das geklärt.«

Sie umarmte mich. »Mein Held!«, sagte sie.

Ich löschte das Licht. Bevor ich einschlief, dachte ich, wie tröstlich es ist, dass es Ehen gibt, in denen auch Männer wie ich, Männer, die nicht mutig sind und die als Kinder in Keller gesperrt wurden, zum Helden werden können.

Der Steuerberater

◆

SEIT TAGEN SITZT VOR UNSERER WOHNUNG auf dem Treppenabsatz ein Mann, nicht alt, gut gekleidet, sogar ein Einstecktuch trägt er, sorgsam mit der Krawatte abgestimmt. Immer wenn ich die Wohnung verlasse, steht der Mann auf, in seinem Gesicht ein Flehen und eine ängstliche Erwartung, die ich Mal um Mal enttäuschen muss.

»Wird noch!«, sage ich zu dem Mann, klopfe ihm auf die Schulter, nicke und gehe die Treppe hinunter.

»Wird schon noch!«, rufe ich von unten noch einmal, während er sich enttäuscht wieder setzt.

»Ist alles auf gutem Wege!«

Ab und zu bringe ich ihm etwas zu essen. Hin und wieder verschwindet er für eine Viertelstunde. Dann findet man ihn unten in der Kneipe, vor einem Bier.

Wer ist dieser Mann?

Ich will es erklären.

Paola und ich haben ein sehr unterschiedliches Verhältnis zur Post im Allgemeinen, vor allem aber zu Rechnungen, die mit der Post eintreffen. Während ich geradezu nach Post giere, sie sofort dem Briefkasten entreiße, die Umschläge noch im Hausflur öffne, selbst den allerblödesten Werbebrief gleich lese, ignoriert Paola Post einfach. Manchmal, wenn ich von einer Reise zurückkomme und mich sofort auf den Briefkasten stürze, entdecke ich, dass Paola dort nicht ein einziges Mal nachgesehen hat. Und wenn sie doch mal nachsah und eine Rechnung fand, dann hat sie diese weggeworfen. Wenn es eine Mahnung war, warf sie die Mahnung weg. Und wenn es die zweite Mahnung war? Die Drohung mit dem Gerichtsvollzieher?

Gemach! So weit kommt es nie. Irgendwo dazwischen bin ja immer ich, reiße so einen Mahnbrief sofort mit den Zähnen auf und rufe noch im Flur: »Paola! Wie ist es möglich! Schon wieder eine zweite Mahnung!«

»Ach?«, sagt sie. »Aber da war nie eine Rechnung.«

»Da muss eine Rechnung gewesen sein.«

»Meinst du? Dann habe ich sie wohl weggeworfen. Oder sie liegt noch irgendwo.«

»Liegt noch irgendwo? Weggeworfen!?«, ächze ich.

Ich verstehe nicht, wie man Rechnungen wegwerfen kann. Ich bin Beamtensohn, das steckt mir in den Knochen. Korrektheit! Bekomme ich eine Rechnung, bezahle ich sie sofort. Kein Mensch macht das, nur ich. Ich wäre gerne lässiger, entspannter. Wie Paola wäre ich gern. Leichtsinnig. Aber ich kann das nicht.

»Warum wirfst du Rechnungen einfach weg?«, frage ich Paola. »Was denkst du dabei?«

»Ich denke immer: Vielleicht verschwindet die Rechnung aus der Wirklichkeit, wenn ich sie ignoriere.«

»Du weißt doch, dass es nicht so ist.«

»Ich hoffe jedes Mal wieder.«

Aber ich wollte ja, fällt mir ein, von dem Mann vor unserer Tür erzählen. Wer ist das überhaupt?

Es ist unser Steuerberater. Er hat vor Monaten Paola um einige Unterlagen zu unserer Steuererklärung gebeten. Zuerst per Brief. Dann per Fax. Dann per E-Mail. Dann per Telefon. Schließlich durch persönliches Erscheinen.

Immer wenn Paola aus der Wohnung kommt oder in die Wohnung geht, sagt der Steuerberater: »Bitte, Frau Paola, es sind nur ein paar kleine Belege, wenn Sie bitte bei Ihrer Bank anrufen deswegen ... Man würde sie Ihnen sofort schicken. Bitte!«

»Hat es nicht noch Zeit?«, fragt Paola.

»Es geht um die Steuererklärung 1999«, sagt der Steuerberater. »Sie müsste allmählich ...«

»Natürlich!«, ruft sie dann. »Ich kümmere mich sofort darum, sofort, sofort.«

Wenn sie dann durch die Tür ist, hat sie alles schon

vergessen. Und ich sage abends zu ihr: »Du musst jetzt endlich diese Unterlagen von deiner Bank ... der Mann da draußen – es ist unwürdig.«

»Aber die Bank hat doch geschlossen jetzt«, sagt sie.

»Aber morgen, bitte, Paola, bitte, morgen, endlich«, sage ich. »Der arme Mann ...«

»Morgen! Morgen kümmere ich mich!«, ruft Paola und läuft in die Küche, um Abendessen zu kochen, während ich durchs Schlüsselloch beobachte, wie der Steuerberater sich auf dem Treppenabsatz ein Nachtlager bereitet.

Als wir uns richtig stritten (1): Findst du mich denn gar nicht bello?

◆

WISSEN SIE, WER MIR VOLLKOMMEN WURSCHT IST? Alain Delon ist mir vollkommen wurscht.

Sie können sich gar nicht vorstellen, wie egal mir Alain Delon ist.

Alain wer? ist? das? überhaupt?

Die neue zweite Kraft bei »Serge, le Coiffeur« in der Sendlinger Straße? Der Favorit im dritten Daglfinger Rennen? Ein Deodorant-Stift von Gillette?

Kann mich nicht erinnern.

Einmal kam ein junger Bursche in die Bar des italienischen Dorfs, das wir in den Ferien immer besuchen. Er war anscheinend nicht aus der Gegend und fragte die verrückte Alte, die oft im geblümten Kittel am einzigen Tisch sitzt, ob er sich setzen dürfe, und sie sagte:

»Wenn du Alain Delon wärst...«

»Was wäre dann?«

»Wenn du Alain Delon wärst, dann würde ich mir das Gebiss rausnehmen und dir einen ...« (Entschuldigung, für das letzte Wort hat leider mein Italienisch nicht gereicht.)

Toll, was Alain Delon für Frauen haben kann, was?

Na, wie gesagt, mir ist er egal.

Wie komme ich überhaupt auf seinen Namen?

Ich komme darauf, weil ich sehr oft zusammen mit der Frau meines Lebens Filme anschaue, sagen wir, nur ein Beispiel, *Die Farbe des Geldes* mit Paul Newman. Wir sitzen zusammen auf dem Sofa, und ich schaue und schaue, und Paola schaut und seufzt, und ich schaue zu ihr, und sie schaut zu Paul Newman und seufzt, und ich schaue wieder auf den Bildschirm, und sie auch und seufzt, und ich schaue wieder zu ihr, und sie seufzt, den Blick auf Paul Newman gerichtet. Und ich frage:

»Was seufzt du eigentlich dauernd so?«

Und sie seufzt.

»Sag's ruhig«, sage ich ruhig, »kannst es ruhig sagen.«

Und sie seufzt.

»Ach«, sagt sie dann seufzend und schaut mich an, als Paul Newman einmal kurz nicht auf dem Bildschirm zu sehen ist, »wie souverän er ist…«

Und ich seufze.

Dann nehme ich meine Rhett-Butler-Maske aus dem Schrank, tanze ein paar Schritte durch das Zimmer und singe das Lied aller Männer, die mit ihrer Frau zusammen Filme anschauen:

>Bin nicht Brad, bin nicht Pitt,
bin nur Du-hu-hurchschnitt.
Bin nicht Al, nicht Pacino,
sitz nur neben dir im Kino.
Bin nicht Redford, nicht Marcello –
findst du mich denn gar nicht bello?«

Klasse, oder? Aber jetzt hören Sie den Refrain:

>Bin nicht Clark, bin nicht Gable,
aber ich hab' einen Faible:
für dich!
Bin nicht Cary, bin nicht Grant,
aber mein Herz, das brennt:
für dich!«

Jedenfalls ist es besser, als es zu machen wie mein Onkel Heinz. Vor vielen Jahren sah meine Tante Elma einmal Omar Sharif in *Doktor Schiwago.* Wochenlang sprach sie bei jeder Gelegenheit von Omar, seiner Leidenschaft und Männlichkeit, so lange, bis der Onkel mit rotem Kopf in den Keller rannte, sich eine Axt holte und im Garten eine mittelgroße Tanne fällte, bei jedem Hieb brüllend: »Doktor Schiwago! Doktor Schiwago!«

Das ist lange her. Onkel Heinz ist schon tot, Tante Elma lebt bei ihrer Tochter und den Enkeln, und Omar ist wahrscheinlich auch schon Opar.

Wie hieß jetzt noch mal dieser Typ, der mir völlig schnuppe ist?

Richtig: Alain Delon. Was also nun Alain Delon angeht, so hatte ich kürzlich einen kleinen Streit mit meiner Frau, in dessen Verlauf ich mich sehr erregte, zu allerlei Unverschämtheiten verstieg, schließlich sogar das Haus verließ, um in einem Lokal in der Nähe zu trinken, dann zurückkehrte, mich weiter in der Wortwahl vergriff, bis Paola mich schließlich anschrie:

»Was glaubst du eigentlich, wer du bist? Alain Delon, oder was?«

Gut, dass mir ausgerechnet Alain Delon so total gleichgültig ist.

Als wir uns richtig stritten (2):
Nachts, in den Straßen

◆

SOWEIT ICH MICH ERINNERE, ging es um eine Lampe, um die im Wohnzimmer. Ich meine: Das ist ja das Seltsame, dass man sich oft schon ein paar Tage, nachdem man sich gestritten hat, nicht mehr an das erinnert, worüber man stritt.

Also diese Lampe. Sie war kaputt, und das schon seit ein paar Tagen, und nun bestand Paola darauf, dass ich sie endlich reparierte. Aber ich hasse das Lampenreparieren, und besonders hasse ich es abends, und sehr besonders hasste ich es an diesem Abend.

Die Details sind jetzt egal. Irgendwann habe ich gesagt: »Diese Scheißlampe ist doch sowieso potthässlich, und außerdem hat sie noch nie richtig funktioniert.«

Und Paola antwortete, das sei eine Unverschämtheit, sie habe sich Tage und Wochen um die richtige Lampe fürs Wohnzimmer gekümmert, während ich nur auf dem Sofa herumgelegen hätte, und sie hätte ja auch noch was anderes zu tun, aber sie sei ja hier die Einzige, die sich überhaupt um die Gestaltung der Wohnung kümmere, mir sei das alles gleichgültig, ich hätte noch nie etwas für diese Wohnung getan.

Na ja, so in der Art redeten wir. Ich zog mir dann einen Mantel über und ging in die Nacht hinaus, nicht ohne die Tür laut zu schließen. Aber schon im Hausflur dachte ich an Herbert Wehner, der in grauen Zeiten Fraktionsvorsitzender der SPD im Bundestag war und der sagte, als die Leute von der Union den Plenarsaal aus Protest gegen irgendwas verließen: »Wer rausgeht, muss auch wieder reinkommen.«

Ich war ja nun jedenfalls erst mal draußen.

Gott, wie ich das hasse! Man latscht da übers Trottoir, dabei wollte man eigentlich bisschen fernsehen oder etwas lesen, und nun das ...! Und *sie* sitzt im Warmen. Und dann hatte ich auch noch das Handy vergessen, also konnte ich hier lange auf Versöhnungsanrufe warten.

Die ersten Minuten vergehen ja erst mal mit Hass. Mit dem Gefühl: Ich gehe jetzt in die Kneipe und saufe. Ich gehe jetzt ins Hotel und bleibe dort für länger. Ich setze mich ins Auto und verlasse die Stadt.

Aber ich will in keine andere Stadt. Ich will auch in kein Hotel.

Bruno, mein alter Freund, ist mal in Jogginghose und Badeschlappen rausgelaufen, nur mit einer alten Strickjacke über einem T-Shirt, dann hat es in Strömen geregnet, was Bruno nicht gewusst hatte, als er losging, aber er konnte ja nun nicht mehr zurück, um einen Mantel zu holen. Er wurde pitschnass, sah aus wie ein nasser Mann ohne Geld (was er auch war) und fand sich schließlich an einer Hotelrezeption wieder, wo er nach Unterkunft fragte. Hinter dem Portier hingen alle Schlüssel in ihren Fächern, aber er sagte, Bruno von oben bis unten musternd und einen kurzen Blick auf die Pfütze werfend, in der Bruno vor ihm stand: »Bedaure, wir haben nichts frei…«

Und saufen? Ich saufe nie, ich habe keine Lust zu saufen, warum soll ich jetzt saufen, ich will morgen früh fit sein, um frohen Sinnes an einem Buch über den Alltag des Liebeslebens arbeiten zu können.

Nach dem Spontanhass kommt die Phase eines gewissen inneren Nichts, in der man gar nichts denkt und nur vor sich hin stiefelt. Es sind nicht viele Leute draußen jetzt, die meisten Männer, zornige Männer auf der Flucht vor ihren Frauen, die Straßen sind voller Energie.

Darauf kommt der Punkt, an dem man seinem Zorn beim Verrauchen zusehen kann, er steigt in den Himmel und vermählt sich mit der Nacht. Dann kommt der Punkt, an dem man die eigenen Fehler bedenkt. Nun wäre der Punkt erreicht, an dem man zum Handy greifen könnte, wenn man eines dabeihätte. Dann fragt man sich, warum man sich überhaupt streitet, so oft hat man sich schon gestritten, und immer wieder hat man sich vertragen, also warum verträgt man sich nicht gleich.

Ein Rätsel. Eines der großen Welträtsel. So viel vergeudete Zeit.

Dann kommt die Phase, in der man versucht, dem Sinnlosen einen Sinn zu geben. Tut mir nicht die frische Abendluft sehr gut? Und ist nicht auch schon seit einer ganzen Weile der Wasserhahn in der Küche defekt, brauchen wir nicht Ersatz? Ich lenke meine Schritte in eine Gegend mit Geschäften, entdecke tatsächlich einen Fachladen für Sanitärbedarf: schöne Hähne in der Auslage! Notiere die Adresse. Und die Telefonnummer.

Jetzt heim! Sicher macht sie sich schon Sorgen, denke ich, sie konnte mich nicht erreichen, das geschieht ihr recht, was sekkiert sie mich auch so mit dieser Lampe! Andererseits hat sie sich ja wirklich sehr gekümmert, ich meine, um diese Lampe, ach, na ja, was reden wir alle eigentlich immer, über Lampen und all das Zeug ...

23.30 Uhr. Ich betrete wieder meine Wohnung. Paola schläft bereits. Ich ziehe mich um, putze mir die Zähne und lege mich neben sie.

»Wo warst du?«, murmelt sie.

»Ich habe ein Geschäft für Wasserhähne gesucht. Wegen dem kaputten Hahn in der Küche.«

»Und?«

»Sie hatten schon zu, leider.«

Als wir uns richtig stritten (3):
Der riesengroße Wahnsinnsstreit

◆

EINMAL IM JAHR fahre ich in den Sommerurlaub, meistens im Sommer, meistens nach Italien, jedes Jahr. Nie fahre ich ohne Paola. Ich liebe Paola. Ich brauche Paola. Mit wem sollte ich sonst den riesengroßen Wahnsinnsstreit haben, den wir einmal im Jahr haben, meistens im Sommer, meistens in Italien, jedes Jahr? Immer am Urlaubsanfang.

Wir hatten in Deutschland ein Schlauchboot gekauft, vier Meter lang, in mehreren Kartons verpackt. Ich hatte es zu Hause in den Keller gelegt. Bevor wir losfuhren, packte ich alles ins Auto. Man konnte dann in Italien mit dem Auto nicht an den Strand fahren – also mussten wir die Bootsteile mit Luis' Kinderbuggy hinunter in eine Bucht transportieren. Dort packten wir aus. Ich habe nicht viel Ahnung von Booten. Ich bestaunte die Teile, las die Gebrauchsanweisung.

»Und das ist also das eigentliche Boot«, dozierte ich, »das sind die Paddel, das sind Aluminium-Bodenplatten, die man zusammensteckt, und ...«

»Wo sind die Längsstreben, mit denen man die Bodenplatten verbindet, damit das Boot torsionssteif ist?«, fragte Paola.

»Was soll das Boot sein?«, fragte ich.

»Torsionssteif«, sagte sie. »Die Bodenplatten sollen sich nicht verschieben, wenn eine Welle kommt.« Für technische Fragen ist sie zuständig. »Hast du im Bootsladen nicht gesehen, wie das beim zusammengebauten Boot aussah?«

»Nicht genau«, sagte ich. Ich war von den vielen Booten insgesamt so fasziniert gewesen, dass ich auf Details nicht geachtet hatte.

»Wo sind die Längsstreben?«, fragte sie.

»Hmmmm …«, machte ich.

»Du hast sie im Keller vergessen«, sagte sie kalt. »Ich kann nicht glauben, dass du sie im Keller vergessen hast. Aber du hast sie vergessen.«

»Weil ich im Stress war«, sagte ich. »Weil ich alles allein machen musste. Auf Luis aufpassen und das Auto packen und …«

»Ach Gott!«, sagte sie. In ihrer Stimme lag jene Schärfe, die den riesengroßen Wahnsinnsstreit erahnen ließ.

»Was heißt ›Ach Gott!‹?«, sagte ich, selbst bemüht, Schärfe anklingen zu lassen.

»›Ach Gott!‹ heißt, dass du nicht nur die Längsstreben

vergessen hast, sondern dich auch noch in Selbstmitleid ergehst«, sagte Paola.

Der riesengroße Wahnssinnsstreit war im Gange. »Du nennst es Selbstmitleid, wenn ich den Stress erwähne, den ich regelmäßig habe, bevor ich endlich in Urlaub fahren kann?!!«, sagte ich.

»Wirst du auch noch einen cholerischen Anfall bekommen?«, zischte sie. Paola hält mich für einen Choleriker. Doch ich bin kein Choleriker. Das Einzige, was mich wütend macht, ist, wenn man mich Choleriker nennt. Da könnte ich ausrasten. Ich hätte vor Wut die Längsstreben ins Wasser werfen können. Aber ich hatte sie ja vergessen.

Die Leute am Strand blickten neugierig. Ich vergaß mich. Ich zischte Paola eine Beleidigung ins Ohr. Mein Benehmen war untragbar. Ich zog mein T-Shirt aus, sprang ins Wasser, kraulte bis zum Rand der Bucht. Als ich zurückkehrte, war Paola weggefahren, mit Luis, der einige Meter weiter im Sand gespielt hatte. Die Bootsteile und der Buggy waren noch da. Ich trocknete mich mit meinem T-Shirt ab. Dann lud ich die Bootsteile auf den Buggy. Er schwankte unter der viel zu großen Last. Unsere Ferienwohnung befand sich mehrere Kilometer entfernt in einem Dorf auf einem kleinen Hügel. Ich begab mich dorthin, in Badehose, sonnendurchglüht, den schwer beladenen Buggy bergan schiebend, fluchend. So könnte ein Film anfangen, denke ich heute: Ein Mann schiebt einsam und schwitzend einen mit einem Boot beladenen Buggy durch die Gegend. Damals dachte ich: Nie wieder rede ich mit ihr. Anwälte werden reden.

Wir redeten zwei Tage nicht. Ich ließ irgendwie die Längsstreben nachschicken. Wir vertrugen uns wieder. Bauten das Boot zusammen.

Ich hatte verloren, dieses Mal. Aber mal sehen, was der nächste Sommer bringt.

»Sie sind ja sooo wichtig!«

◆

Sie hatte Locken, goldrot wie Kirschholz, ein schmales, klares Gesicht, Augen dunkelgrün. Als sie mir nach der Lesung das Buch zum Signieren hinlegte, sah sie mich länger an, als ich es gewohnt bin, wenn man mir ein Buch zum Signieren hinlegt. Ich beugte mich betäubt über die Seite und schrieb meinen Namen. An die Stelle, an die das Datum kommt, setzte ich meine Handynummer. Klappte das Buch zu, gab es ihr zurück.

Als ich das Exemplar des Nächsten in der Schlange signierte, dachte ich: Handynummer! Plumper ging's nicht, was? Wie der stumpfsinnigste Immobilien-Typ! »Sie sind schön, ich bin verwirrt, ich habe meinen Namen vergessen«, hätte ich schreiben sollen, dann die Nummer. Was für eine peinliche Scheiße! Wo ist sie? Muss ihr das Buch wegnehmen.

Sie war verschwunden.

Ein paar Tage später war ich mit Paola abends in der Stadt.

»Wir haben nichts zu essen daheim«, sagte sie. Wir standen vorm Dallmayr und gingen hinein. Der Laden war brechend voll. Am Marmeladenregal klingelte das Handy.

»Ich wollte die Nummer im Buch ausprobieren«, sagte eine rothaarige Stimme.

Ich drehte mich um. »Hallooo …«, telefonierte ich ins Marmeladenregal hinein.

»Wer ist das?«, fragte Paola leise. Ich machte eine abwehrende Handbewegung. Sie schob sich durch das Gewühl zur Salattheke.

In dem Moment trat ein älterer, kleiner Mann in einem abgetragenen grauen Lodenmantel neben mich, starrte böse und zischte: »Mein Gott, jetzt telefonieren die Leute schon beim Dallmayr!« Er machte eine Pause, dann sagte er: »Sie sind ja so wichtig, mein Gott, wie wichtig! Müssen beim Dallmayr telefonieren, so wichtig!«

»Ist der Dallmayr eine Kirche, oder was?«, sagte ich.

»Sind Sie noch da?«, fragte ich ins Telefon.

»Natürlich«, sagte sie.

Der Mann zischte wieder: »Sie sind ja sooo wichtig!«

»Was wollen Sie? Lassen Sie mich in Ruhe!«, sagte ich.

»Aber Sie haben doch die Nummer in das Buch geschrieben!«, sagte die Frau im Telefon.

Ich steckte den Kopf mit dem Telefon tief in eine Lücke zwischen den Marmeladengläsern. Der Mann stellte sich auf die Zehenspitzen. Bellte mir ins Gesicht: »Sind ja sooo wichtig!«

»Ich hätte das nicht tun sollen«, sagte ich ins Handy.

»Peinlich, dass ich anrufe?«, fragte sie.

Der Mann war verrückt. Seine Augen waren hasserfüllt. »Sie sind ja sooo wichtig!«, keuchte er durchs Regal. »Müssen beim Dallmayr telefonieren!«

»Nein«, sagte ich in den Apparat. »Ich hätte einfallsreicher sein sollen. Etwas wie: Sie sind schön, ich bin verwirrt, ich habe meinen Namen vergessen. Fiel mir erst hinterher ein.«

Ich hatte den Kopf fast hinter den Gläsern mit der Erdbeermarmelade.

»Sie sind verwirrt? Haben Ihren Namen vergessen?«, fragte sie. Durch das Gezischele des Irren hatte sie nicht den ganzen Satz verstanden. »Mit wem spreche ich?«, fragte sie.

Paola blickte von der Salattheke herüber. Der Kopf des Mannes folgte mir, krebsrot. Ist das hier der Dallmayr oder Teufels Küche?, dachte ich. »Sie sind ja sooo wichtig«, heulte der Mann.

»Sind Sie wahnsinnig?«, zischte ich. »Nein, ich wollte sagen ...«, sagte ich ins Telefon, »hallo? ... Hallo?«

Aufgelegt.

»Arschloch«, sagte ich zum Lodenmantel und drängelte durch die Menge zu Paola.

»Ein soooo wichtiger Herr!«, höhnte er hinter mir her.

»Was wollte der komische Typ von dir?«, fragte sie.

»Keine Ahnung«, antwortete ich müde.

»Und wer war nun am Telefon?«, fragte sie.

»Keine Ahnung, nichts verstanden«, antwortete ich noch müder.

»Ich habe Salat zum Abendessen gekauft«, sagte sie sanft. »Möchtest du noch etwas anderes außerdem?« Sie gab mir einen Kuss.

Ich mach's auch nie wieder, dachte ich, nie wieder! Ich Schwein. Ich Narr. Ich Narrenschwein.

»Ich ... ach, ich bin doch nicht wichtig«, sagte ich leise.

Der Hochzeitstag

◆

IMMER VERSUCHE ICH, mich menschlich zu entwickeln. An unserem letzten Hochzeitstag habe ich einen großen Schritt nach vorne gemacht, im Grunde genommen zwei.

An unserem letzten Hochzeitstag wusste Paola morgens nicht, dass es unser Hochzeitstag war, sie hatte nicht daran gedacht, nur ich hatte daran gedacht, aber ich sagte nichts.

Wir gingen vor der Arbeit zusammen Kaffee trinken, das machen wir manchmal, nicht nur an Hochzeitstagen. Nach ein paar Minuten nahm ich ein rotes Schokoherz aus der Tasche, gab es Paola und sagte: »Ich weiß gar nicht, ob du weißt, dass heute unser Hochzeitstag ist.«

Das war gelogen, denn natürlich wusste ich, dass sie es nicht wusste, denn wenn sie es gewusst hätte, wäre sie mir gleich in der Früh um den Hals gefallen, hätte mich geküsst und geherzt, »mein Schatz« genannt und spontane Betrachtungen über unser so viele Jahre währendes Eheleben angestellt.

Paola betrachtete das Herz, legte es auf den Tisch, fiel mir um den Hals, küsste und herzte mich, nannte mich »mein Schatz« und stellte spontane Betrachtungen über unser so viele Jahre währendes Eheleben an.

Ich sagte: »Blumen bekommst du auch. Ich habe sie schon ausgesucht, im Blumenladen.«

»Wie schön, dass du an alles denkst«, seufzte sie.

Mittags verließ ich das Büro, ging zum Blumenhändler, kaufte die Rosen, die ich tags zuvor bestellt hatte, und ging damit heim. Unterwegs traf ich Tomas, den Friseur.

»Hast du Hochzeitstag!?«, rief er.

»Woher weißt du das?«

»Dann ist der Strauß zu klein! Er müsste drei Mal so groß sein.«

Beinahe wäre ich zurück zum Blumenladen gegangen. Der Strauß kam mir mickrig vor. 15 Rosen … Warum hast du nicht 45 gekauft?, dachte ich, warum bist du nicht zu großen Gesten fähig, warum fehlt dir alles Verschwenderische, Guntersachshafte? Ich bin ein Mann, dem man am Blumenstrauß ansieht, dass er Hochzeitstag hat.

Ich tat, als hätte ich Tomas nicht verstanden, lachte ihm blöde zu und ging weiter.

»Gott, was für herrliche Rosen!«, rief Paola. »Früher hast du mir oft Rosen geschenkt.«

Den Nachmittag nahm ich mir frei. Wir gingen bummeln, später trafen wir Bruno und seine Frau zum Essen.

»Übrigens ist heute unser Hochzeitstag«, sagte Paola.

»Wie süß!«, sagte Brunos Frau. »Da trefft ihr uns…«

»Wann habt ihr Hochzeitstag?«, fragte Paola.

»Das ist nicht eindeutig«, sagte Bruno. »Eigentlich drei Mal pro Jahr. Wir feiern den Tag, an dem wir uns kennengelernt haben, den Tag der standesamtlichen und dann den der kirchlichen Hochzeit.«

»Das ist sehr schön so«, sagte seine Frau. »Da bekomme ich drei Mal was geschenkt.«

»Du bekommst jedes Mal ein Geschenk?«, fragte Paola.

»Huuuu…«, machte ich. »Ich habe dir auch schon Sachen geschenkt zum Hochzeitstag.«

»Das stimmt«, sagte sie. »Und außerdem denkst du immer dran.«

»Das ist einfach«, sagte ich. »Man muss es sich nur im Kalender notieren.«

»Ach soooooo … Du hast es dir im Kalender notiert.«

»Wo denn sonst?«

»Ich dachte, du hast mit dem Herzen daran gedacht.«

»Ich habe mit dem Herzen daran gedacht, als ich es mir im Kalender notierte.«

Conclusio, was meine menschliche Entwicklung angeht: Sei erstens gut organisiert. Verbirg dies zweitens, so gut es geht. Tu drittens stets so, als ob dein ganzes Handeln in Bezug auf deine Frau spontanen Einfällen entspringt.

Dann wird viertens alles gut.

Inhalt

© Verlag Antje Kunstmann GmbH, München 2011

Bilder: Michael Sowa

Satz: Schuster & Junge, München

Druck und Bindung: Pustet, Regensburg

ISBN 978-3-88897-727-5